ANTON DINZINGER/MICHAELA FÖRSTER

Schön, dass du da bist

Im Kindergarten durchs Kirchenjahr

W0241729

VERLAG FRIEDRICH PUSTET
REGENSBURG

Bibliografische Information der Deutschen Nationalbibliothek

Die Deutsche Nationalbibliothek verzeichnet diese Publikation
in der Deutschen Nationalbibliografie;
detaillierte bibliografische Daten sind im Internet über
http://dnb.dnb.de abrufbar.

ISBN 978-3-7917-2870-4
© 2017 by Verlag Friedrich Pustet Regensburg
Umschlagbild: © Fotolia / Tanja
Layout und Umschlaggestaltung: Martin Veicht, Regensburg
Satz: MedienBüro Monika Fuchs, Hildesheim
Druck und Bindung: Friedrich Pustet, Regensburg
Printed in Germany 2017

Diese Publikation ist auch als eBook erhältlich:
eISBN 978-3-7917-6105-3 (epub)

Weitere Publikationen aus unserem Verlagsprogramm finden Sie unter
www.verlag-pustet.de
www.liturgie-konkret.de

INHALTSVERZEICHNIS

OSTERN UND PFINGSTEN

AM ENDE DES KINDERGARTENJAHRES

ANHANG

GELEITWORT

Liebe Leserinnen,
liebe Leser,

„Gottes Liebe ist so wunderbar, so wunderbar groß" – so lautet eine Zeile aus einem Lied, das gerade im Kindergarten sehr beliebt ist. Ein einfacher Satz, eine einfache Aussage, eine einfache Melodie, die man schnell im Ohr hat, aber es ist kein banaler Satz. Die Kleinsten auf vielfältige Weise und mit allen Sinnen mit einem zentralen Element des christlichen Gottesbildes, dem Bild des liebenden Gottes, der sich den Menschen bedingungslos zuwendet, vertraut zu machen, ist eine große und wichtige Aufgabe.

Altersgerechte Gottesdienste im Kindergarten, das bedeutet, große Gedanken, eine große und reiche Glaubenstradition für die Kleinen zu erschließen. Unser Glaube und die Liturgie dürfen dabei nicht banalisiert, sondern müssen elementarisiert werden, also unverfälscht auf das Wesentliche konzentriert werden, so dass wir in altersgerechter Weise erste Zugänge für die Kleinsten eröffnen, gerade auch zum Gottesdienst, dem Herzstück des gelebten Glaubens der Gemeinschaft der Gläubigen.

Diese hier mit nur wenigen Sätzen umrissene Aufgabe ist an sich schon sehr groß. Der Kindergarten bietet in pastoraler Sicht aber noch eine weitere Chance, die wir ergreifen müssen. Über den Kindergarten können wir auch die Eltern der Kinder erreichen, die vielleicht schon seit Jahren keinen eigenen Zugang zu Glaube und Kirche mehr finden. Wenn die Eltern mit ihren Kindern gemeinsam Gottesdienste erleben, die Grundaussagen unseres Glaubens elementar, verständlich aber eben nicht banal erschließen, dann liegt darin auch eine Möglichkeit, gemeinsam mit den Kindern wieder selbst Zugang zum Glauben zu finden. Eine Chance, die sich in vielen Fällen überhaupt nur noch über den katholischen Kindergarten bietet. Daraus erwächst ein hoher Anspruch an die religionspädagogische Arbeit im Kindergarten und die Kindergartengottesdienste.

Das vorliegende Buch bietet eine große Bandbreite an Gestaltungsvorschlägen für solche Gottesdienste im Kindergarten. Ideenreich und kreativ wird ein ganzheitlicher Ansatz dargeboten, wie „mit Kopf, Herz und Hand" Wege zu den großen Themen des Glaubens gegangen werden können. Vielfältig werden Bezüge zu Alltagserfahrungen und zu grundlegenden Aspekten des menschlichen Lebens, die auch die Kleinsten bereits kennen, erschlossen. Die Sehnsucht nach Gottes Schutz, danach, behütet und beschützt zu sein, ist so eine Grunderfahrung, die in einem der Gottesdienstmodelle aufgegriffen wird. Auch andere Elemente wie z. B. das Schuldbekenntnis des Gottesdienstes werden elementarisiert dargeboten. Gerade an solchen Punkten zeigt sich die theologische und pädagogische Qualität dieses Buches: Man folgt nicht dem ersten Impuls – wie kann man denn von so kleinen Kindern ein Schuldbekenntnis verlangen? Sondern behutsam und ganz nah an den Alltagserfahrungen der Kinder wird deren Erfahrung, dass es Verhalten gibt, das nicht gut ist, aufgegriffen und mit der Erfahrung der Bitte um Vergebung und des von Gott geschenkten Neuanfangs verbunden.

Der christliche Glaube ist anspruchsvoll – und die Religionspädagogik muss sich der Aufgabe stellen, den Kleinsten und auch ihren Eltern Wege zu eröffnen, die immer weiter hineinführen in ein echtes Verständnis der großen Glaubensinhalte, in eine Sensibilisierung für die vielen Momente in unserem Leben, die mit Glaubensfragen und Glaubenserfahrungen verbunden sind – vom Staunen über die Wunder des Lebens und der Schöpfung bis zur Erfahrung von Leid und Tod. Das ganze Leben braucht den ganzen Glauben.

Das vorliegende Buch stellt sich dieser großen Aufgabe und gibt zugleich praktische und sofort anwendbare Hilfen und Vorschläge, die es Priestern, Religionspädagogen und Religionspädagoginnen ermöglichen, die ihnen anvertrauten Kinder und deren Eltern gut auf dem schönen und zugleich anspruchsvollen Weg des christlichen Glaubens zu begleiten.

Ich wünsche Ihnen, dass die Gottesdienstmodelle dieses Buches Ihnen eine Hilfe bei Ihrer wichtigen Aufgabe sind!

Ihr
Peter Beer

Generalvikar München-Freising

VORWORT

Religiöse Erziehung kann kaum früh genug begonnen werden. Sie fängt mit der Beziehung des Kindes zur Mutter, gleich darauf zum Vater an und wird mit Menschen außerhalb der Familie fortgesetzt. Religiöse Bildung braucht Vertrauen und nachhaltige Erlebnisse, in der Lebenswelt der Familie wie auch des Kindergartens.

So will dieses Buch Ideen anbieten, was wir schon mit Kleinkindern unternehmen können, damit die Freude am Glauben früh gefördert wird. Es sind Gottesdienstmodelle, die sowohl in der Kirche als auch im Kindergarten gefeiert werden können.

Praktische Anleitungen mit einem sinnenhaften Angebot unterstützen die Erzieherinnen im Kindergarten, schnell Passendes zum Kirchenjahr zu finden.

Es wurde auf klassisch-liturgische Bausteine Wert gelegt, damit der Anschluss an die Teilnahme am Sonntagsgottesdienst für die Heranwachsenden erleichtert wird.

Der Übergang von Liturgie und spielerischer Beschäftigung ist oft fließend, weil das eine mit dem anderen thematisch verbunden ist und oft vertiefend ineinander übergeht. Beispielsweise werden zum Pfingstfest zur Vertiefung im Kindergarten nach dem Gottesdienst Spiele mit Federn oder Seifenblasen mit entsprechenden Sätzen angeboten, um das Staunen und Begeistern auf lange Zeit wirken zu lassen.

Dabei spielen auch passende Lieder eine wichtige Rolle.

„Wer liebt, der wiederholt!“ – Eine alte und immer aktuelle Weisheit. Sie bezieht sich bei uns auf das Ziel, Kinder frühzeitig mit Liturgie vertraut zu machen und emotionale Vertiefung zu erreichen. Das betrifft nicht nur Kyrie-Rufe und Fürbitten, sondern auch das Vertrautwerden und Wiederholen des persönlichen Segens, der im Taufritus seinen Anfang genommen hat. Wiederkehrende Formeln und Rituale (z. B. Anfangsrituale) sichern Vertrautes und vermitteln ein Geborgenheitsgefühl, was religiös äußerst wichtig ist. Kognitiv wird aber auch neugierig auf die Person Jesus gemacht, wenn unsere Kinder die Erzählungen von und mit Jesus immer wieder erleben dürfen.

DAS VATERUNSER MIT GEBÄRDEN

Unsere Erfahrung in vielen Kindergärten bestätigt, dass das Vaterunser mit entsprechenden Gebärden schon im Kleinkindalter gesprochen werden kann. Auch das kleine Kreuzzeichen ist für Vorschulkinder nicht zu schwer.

Vater unser im Himmel, geheiligt werde dein Name.	*Beide Arme werden nach oben gestreckt.*
Dein Reich komme.	*Beide Hände nach unten bewegen*
Dein Wille geschehe, wie im Himmel so auf Erden.	*Eine Hand deutet nach oben, eine zum Boden.*
Unser tägliches Brot gib uns heute.	*Beide Hände bilden eine Schale.*
Und vergib uns unsere Schuld, wie auch wir vergeben unseren Schuldigern.	*Beide Arme kreuzen sich vor der Brust.*
Und führe uns nicht in Versuchung, sondern erlöse uns von dem Bösen.	*Abwehrende oder schützende Handhaltung, Arme sind dabei nach vorne gestreckt.*
Denn dein ist das Reich und die Kraft und die Herrlichkeit in Ewigkeit. Amen.	*Alle fassen sich an den Händen und halten sie nach oben.*

ANFANGSRITUALE

Jeder Gottesdienst soll mit gleichbleibenden Anfangsritualen beginnen:
- Glocke läuten
- Kerze anzünden
- Kreuzzeichen

WICHTIGE HINWEISE ZUM EINZELKINDERSEGEN

Es wirkt vielleicht pedantisch, wenn wir auf Details des kurzen Kindersegens eingehen, aber die Erfahrung zeigt, dass hier wenige Dinge sehr wichtig sind:

1. Den Vornamen und die entsprechende Anrede wissen!
   Es ist ungünstig, den Namen des Kindes direkt zu erfragen. Bei den meisten Kindern gibt es da natürliche Blockaden. Bei undeutlichem Sprechen kann der falsche Name völlig „danebengehen"! Eine gute Idee ist, wenn eine Erzieherin das Kind namentlich vorstellt oder wenn Namensschilder verwendet werden.
2. Augenkontakt mit freundlichem Gesicht („Darf ich deine Augen sehen?")
3. Evtl. der Hinweis: „Kannst du schon die Hände falten?"
4. „N. (Taufname), groß und stark sollst du werden! Im Namen des Vaters und des Sohnes und des Heiligen Geistes!"

Sie werden merken, wie die Kinder in diesem Moment wachsen!

HÄUFIG VERWENDETE ABKÜRZUNGEN

- KGB: Das Kindergesangbuch, Claudius Verlag, 5. Auflage 2002
- KiGoLo: Kinder-Gotteslob, Lahn-Verlag, 2. Auflage 2009.

VOM BEGINN DES KINDERGARTENJAHRES BIS ZUM ENDE DES KIRCHENJAHRES

GOTT LÄSST UNS WACHSEN

ZUM BEGINN DES KINDERGARTENJAHRES

Vorbereitung

- Leiterwagen
- Sack mit Getreidekörnern
- Für das Bodenbild: braune Tücher, gelbe Tücher, Vögel, Steine, Dornen/vertrocknete Zweige, Bilder mit Getreidehalmen (von Kindern in der Vorschulgruppe gemalt) oder echte Getreidehalme in einer Vase
- Pro Gruppe ein Blumentopf
- Fürbitten vorbereiten
- Symbole: Hand, Herz und Kreuz
- Vor dem Gottesdienst das Bodenbild legen (evtl. mit Sprachbegleitung)

Anfangsrituale

Einführung Liebe Kinder, heute haben wir uns versammelt, weil die Kindergartenzeit beginnt. Wir stehen vor einem neuen Anfang. Deswegen habe ich euch etwas mitgebracht: einen Sack.

Ein kleiner Sack wird gezeigt.

Was könnte da drin sein?

Der Sack wird aufgemacht und die Getreidekörner werden gezeigt; oder man lässt die Kinder raten oder hineingreifen, dann erst werden die Körner gezeigt.

Es ist ein Sack voller Getreidekörner, die alle wachsen und groß werden wollen.
Jetzt grüßen wir Jesus Christus, unseren Freund und Herrn.

Dankrufe Herr Jesus, du hast uns erschaffen.
V/A Jesus, wir danken dir.
Herr Jesus, du lässt uns wachsen.
V/A Jesus, wir danken dir.
Herr Jesus, du bist bei uns.
V/A Jesus, wir danken dir.

Gebet Guter Gott, heute beginnen die Kindergartentage. Dein Wort macht uns stark, dein Wort gibt uns Mut, dein Wort lässt uns immer mehr wachsen. Dafür danken wir durch Jesus Christus, unseren Herrn. Amen.

Schriftwort Das Gleichnis vom Sämann (Mt 13,1–8)

Eines Tages sitzt Jesus am Ufer eines Sees. Viele Menschen kommen zu ihm.
Jesus erzählt eine Geschichte. Er spricht:
„Ein Bauer geht aufs Feld, um Getreide zu säen. Als er sät, fallen Körner auf den Weg.

Der Erzähler streut Getreide auf den Weg/die gelben Tücher.

Die Vögel kommen und fressen sie auf.

Vögel werden zum Weg gestellt.

Körner fallen auf Steine. Dort gibt es keine Erde.

Der Erzähler streut Getreide auf die Steine.

Die Körner können nicht wachsen.
Körner fallen auch in die Dornen.

Der Erzähler streut Getreide in die Dornen.

Und die Körner können wieder nicht wachsen.
Körner fallen aber auch auf guten Boden.

Der Erzähler streut Körner auf den guten Boden/die braunen Tücher.

Diese Körner gehen auf und wachsen in die Höhe.

Ein Bild von Getreidehalmen bzw. die Vase mit Getreide wird hinter die braunen Tücher gestellt.

Erst sind sie winzig klein und dann werden sie größer und größer."

Der Vorleser hält die Bibel in die Höhe und spricht:

Aus dem Heiligen Buch von Jesus Christus, unserem Herrn! – Amen.

Predigt

Liebe Kinder, Jesus sagt: Ein Samenkorn muss auf guten Boden fallen, damit es gut wachsen kann. Was braucht ein Samenkorn, damit es wachsen kann?

Kinder machen Vorschläge: Erde, Wasser/Regen, Sonne ...

Was ein Samenkorn braucht, zeigen wir mit unseren Händen:

Während der ganzen Geschichte ist eine Hand flach ausgestreckt.

Man braucht viel gute Erde.

Eine Hand ist flach ausgestreckt, die andere streicht leicht gewölbt darüber.

Dann wird das Getreide gesät.

Mit dem Zeigefinger wird ganz oft vorsichtig die flache Hand angetippt.

Die Körner werden vorsichtig mit Erde zugedeckt, damit die Vögel nicht alles auffressen.

Eine Hand streicht vorsichtig über die flache Hand.

Die Sonne scheint warm auf die Erde und wärmt auch die Körner.

Eine Hand bildet eine Sonne über der flachen Hand.

Auf einmal kommen dunkle Wolken und der Wind beginnt immer stärker zu wehen.

Zuerst wird sanft und dann immer stärker gegen die flache Hand gepustet.

Es beginnt zu regnen. Zuerst fallen die Regentropfen ganz leicht, dann immer stärker und schließlich regnet es ganz stark. Der Regen wird wieder schwächer und hört schließlich ganz auf.

Mit den Fingern wird auf die Handfläche getrommelt.

Die Sonne scheint wieder.

Eine Hand bildet eine Sonne über der flachen Hand.

So vergehen Stunden, Tage und Wochen. Endlich tut sich etwas. An einer Stelle reißt der Boden auf und eine kleine grüne Pflanze ist zu sehen.

Der kleine Finger der freien Hand wird durch die Finger der flachen ausgestreckten Hand geschoben.

Die Pflanze wächst und wächst.

Überleitung und Aktion

Jetzt wissen wir auch, warum es „Kindergarten" heißt: In einem Garten wächst viel! Auch in unserem Kindergarten kann vieles wachsen und größer werden:
Wir selbst werden größer und wachsen, wenn wir gesegnet werden.

Symbol: Hand, Bild oder Foto

Wenn wir freundlich sind, wächst die Liebe und die Freundschaft.

Symbol: Herz

Wenn wir von Jesus erzählen und gerne zu ihm beten, wächst unser Glaube.

Symbol: Kreuz

So kann bei uns viel Gutes wachsen.

Nun wollen wir Körner säen, damit für jede Kindergartengruppe eine schöne Pflanze wachsen kann.

Vertreter jeder Gruppe gehen nach vorne und säen Getreide in den jeweiligen Blumentopf, der in einem geschmückten Leiterwagen steht. Während dieses Vorgangs werden die Fürbitten gesprochen. – Nach jeder Fürbitte singen alle den Liedruf „Weizenkorn, kleines Weizenkorn" (s. S. 167).

Fürbitten Guter Gott, mit Liebe schaust du auf deine Welt. An dich dürfen wir unsere Wünsche richten. So rufen wir zu dir:

- Wir beten für unsere Kindergartenanfänger, dass sie in ihre neue Gruppe hineinwachsen. – Die Kinder sollen wachsen.

Liedruf „Weizenkorn, kleines Weizenkorn …"

- Wir beten für alle, die viel Liebe und Geduld brauchen. – Ihre Liebe soll wachsen.
- Wir beten für alle, die in diesem Kindergarten arbeiten. – Ihr Glaube soll wachsen.

Darum bitten wir durch Jesus Christus, unseren Herrn. Amen.

Vaterunser

Schlussgebet Großer Gott, dein Wort hat uns Mut gemacht. Halte deine segnende Hand über unseren Kindergarten. Darum bitten wir durch Jesus Christus, unseren Herrn. Amen.

Gemeinsames Kreuzzeichen *oder* **Kindersegnung**

Nach dem Gottesdienst erhält jede Gruppe ihren Blumentopf mit den ausgesäten Getreidekörnern.

PASSENDE LIEDER FÜR DEN GOTTESDIENST

- Alles muss klein beginnen (KGB, Nr. 46)
- Gottes Liebe ist so wunderbar (KGB, Nr. 146)
- Wir werden immer größer (KGB, Nr. 98)

WAS KINDERN BESONDERS SPASS MACHT

- Kinder dürfen Blumen im Garten oder in einen Blumenkasten anpflanzen. Anschließend sollen die Kinder selbst für ihre Pflanzen sorgen.
- Jedes Kind gestaltet einen Blumentopf und darf sich anschließend Blumen aussuchen, die es anpflanzen möchte. Die Kinder dürfen die Blumentöpfe mit nach Hause nehmen.

GOTT SEGNET UNS

ZUM BEGINN DES KINDERGARTENJAHRES

Vorbereitung

- Sätze und Gesten für das Schuldbekenntnis vorbereiten
- Fürbitten vorbereiten
- Richtiges Spiel mit den Instrumenten üben, Instrumente einteilen
- Instrumente: z. B. Triangel, Xylophon, Rassel, Becken, Schütteleier, Schellenkranz

Anfangsrituale

Einführung Liebe Kinder, im Kindergarten treffen wir viele Menschen. Wir freuen uns, dass wir uns alle wiedersehen. Heute sind wir zusammengekommen, weil wir den Tag mit Gott beginnen wollen. So wollen wir heute feiern, singen und zu Gott beten. Wenn wir beten, falten wir unsere Hände. Unsere Hände können aber noch viel mehr: Sie können nicht nur Gutes tun, sondern auch Böses. Deshalb bitten wir Gott um Verzeihung.

Schuldbekenntnis (Gutes und Böses erkennen)

Drei Kinder treten nach vorn und sprechen den jeweiligen Satz mit entsprechender Handbewegung vor:

K1 Guter Gott, mit unseren Händen *deuten und schimpfen* wir, wenn wir böse sind.

Geste: erhobener Zeigefinger

A Guter Gott, wir sind wieder gut.

K2 Guter Gott, mit unseren Händen *drohen* wir, wenn wir wütend sind.

Geste: geballte Faust

A	Guter Gott, wir sind wieder gut.
K3	Guter Gott, mit unseren Händen *schlagen* wir zu, wenn wir wehtun wollen.
	Geste: Ohrfeige in die Luft
A	Guter Gott, wir sind wieder gut.
L	Gott will uns vergeben. Er verzeiht uns unsere Fehler und schenkt uns das ewige Leben. Amen.

Mit den Händen können wir auch sehr viel Gutes tun, Freundliches und Liebevolles. Das zeigen wir im Lied „Hier sind meine Hände“

Lied Hier sind meine Hände (s. S. 164, mit Gebärden)

Gebet Lieber Gott, wir haben uns versammelt und feiern gern mit dir. Du schenkst uns dein gutes Wort. Wir hören die frohe Botschaft durch Jesus Christus, unseren Herrn. Amen.

Schriftwort Jesus segnet die Kinder (Mk 10,13–16)

Als Klanggeschichte vortragen:

Überall erzählt Jesus von Gott.

Triangel

Viele Menschen kommen und wollen Jesus hören.

Glissando auf dem Xylophon

Sogar Kinder sind dabei. Die Kinder wollen zu Jesus gehen.

viele, laute Rasseln

Als die Jünger das sehen, wollen sie die Kinder wegschicken. Sie schimpfen: „Lasst Jesus in Ruhe!

Schlag aufs Becken

Jesus hat keine Zeit für Kinder!

Schlag aufs Becken

Kinder sind klein!

Schlag aufs Becken

Kinder sind laut!

Schlag aufs Becken

Kinder stören!

Schlag aufs Becken

Da sind die Kinder sehr traurig. Sie wollen doch zu Jesus.

langsame Schütteleier

Jesus aber hat alles gesehen. Er steht auf und sagt: „Lasst die Kinder zu mir kommen; hindert sie nicht daran!“

schnelles Glissando auf dem Xylophon

Schnell laufen die Kinder zu Jesus hin.

schnelle Schütteleier

Jesus nimmt die Kinder in seine Arme.

Schellenkranz

Er spricht mit ihnen und lacht mit ihnen. Er legt ihnen die Hände auf und segnet sie. Für jedes Kind hat er ein freundliches Wort.

Triangel

Vorleser hält die Bibel in die Höhe und spricht:

Aus dem Heiligen Buch von Jesus Christus, unserem Herrn. – Amen.

Predigt

Liebe Kinder, schon zur Zeit Jesu gab es Menschen, die Kinder schimpften und wegschickten. Aber Jesus sagt: „Lasst die Kinder zu mir kommen!“ Er segnet sie. Vorsichtig legt er den Kindern seine Hände auf den Kopf, und sie spüren: Jesus ist ganz nah bei mir. Segen heißt immer: jemandem etwas Gutes sagen.

So ist es auch heute noch: Wenn dich dein Papa oder deine Mama segnet, sagen sie damit: Ich mag dich, im Namen des Vaters und des Sohnes und des Heiligen Geistes. Amen.
So segne ich jetzt unsere neuen Freunde, die in diesem Jahr zum ersten Mal in unseren Kindergarten gehen. Wir freuen uns, dass sie bei uns sind und begrüßen sie.

Segen *Priester segnet mit Handauflegung namentlich alle neuen Kinder, die zu diesem Zweck vor den Altar treten. Dazu singen alle ein Begrüßungs- oder Segenslied.*

Lieder Gott, dein guter Segen (KiGoLo, Nr. 148/KGB, Nr. 220)
Gottes guter Segen sei mit euch (KiGoLo, Nr. 149)
Hallo, Hallo, schön, dass du da bist (KiGoLo, Nr. 8 und KGB, Nr. 180)

Fürbitten Guter Gott, du hältst segnend deine Hand über uns. Wir bitten dich:
- Segne alle Kinder in unserem Haus, dass sie hier viele Freunde finden!

V/A Wir bitten dich, erhöre uns.
- Segne unsere Eltern, dass sie gesund bleiben.
- Segne unsere Erzieherinnen, dass sie Freude an ihrer Arbeit haben.

Denn du, o Gott, hilfst allen Menschen. Du segnest uns durch Jesus Christus, unseren Herrn. Amen.

Vaterunser

Schlussgebet Lieber Gott, du begleitest uns. Jeden Tag schenkst du deinen Segen und kümmerst dich um die Menschen. Dafür danken wir durch Jesus Christus, unseren Herrn. Amen.

Gemeinsames Kreuzzeichen *oder* **Kindersegnung**

PASSENDE LIEDER FÜR DEN GOTTESDIENST

- Geh mit Gottes Segen (KGB, Nr. 214)
- Gott, dein guter Segen (KGB, Nr. 220)
- Gottes Liebe ist so wunderbar (KGB, Nr. 146)
- Hallo! Hallo! Schön, dass du da bist (KGB, Nr. 180)
- He, du! Hallo, du! (KGB, Nr. 179)

WAS KINDERN BESONDERS SPASS MACHT

- Einen Spiegel mitbringen, der den Kindern nicht gleich gezeigt wird: „Hier habe ich ein Bild von einem Menschen, den Gott ganz besonders lieb hat." Einzelne Kinder hinein schauen lassen. Schließlich allen zeigen. – Bezug: Gott liebt dich!
- Instrumente für die Klanggeschichte selbst basteln und gestalten, z. B. Schütteleier aus Überraschungseiern oder leeren Dosen basteln, mit Erbsen oder Linsen befüllen und bemalen

GOTT IST WIE EIN GUTER HIRTE

ZUM BEGINN DES KINDERGARTENJAHRES

Vorbereitung

- Kinderzeichnungen von Schafen, die rechts und links vom Altar (auf zwei Pinnwänden) ausgestellt sind
- Grünes rundes Tuch vor dem Altar
- Stoffschaf
- Hirtenfigur
- Kreistanz üben, Hirtenverkleidung für die Kinder
- Danksätze vorbereiten

Anfangsrituale

Einführung Liebe Kinder, wir haben uns versammelt, weil wir zu Gott beten wollen. Jetzt schaut euch einmal um – hier können wir heute viele Schafe sehen. Was haben die denn hier zu suchen? Ganz einfach: Jesus hat gerne von Schafen gesprochen und Geschichten von ihnen erzählt. Die Worte von Jesus wollen uns Mut machen. Deshalb rufen wir zu ihm:

Kyrie-Rufe Herr Jesus, du bist unser Freund.
V/A Herr, erbarme dich.
Herr Jesus, du willst uns begleiten.
V/A Christus, erbarme dich.
Herr Jesus, mit dir gehen wir gerne.
V/A Herr, erbarme dich.

Gebet Guter Gott, heute hast du uns zusammengeführt. Wir singen und beten und werden uns näher kennenlernen. Viele Menschen helfen uns dabei. Stärke uns durch dein gutes Wort. Darum bitten wir durch Jesus Christus, unseren Herrn. Amen.

Schriftwort Der gute Hirte (Lk 15,3 ff)

(G = Hier kann man unterstützende Gesten einfügen.)

Jesus erzählt eine Geschichte:
Ein Hirte hat viele Schafe. Er ist gut zu seinen Schafen, er kümmert sich um sie. Er führt sie auf eine Wiese, wo frisches Gras wächst. Wenn sie Durst haben, führt er sie ans Wasser. Alle folgen dem Hirten.
Eines Tages läuft eines der Schafe von der Herde weg.
Keiner hat etwas gemerkt.
Weit, weit läuft das Schaf von zu Hause weg: weg vom Hirten und weg von den anderen Schafen.

Plötzlich geht die Sonne unter. Es wird Abend, es wird Nacht. Jetzt ist es dunkel *(G)* und kalt *(G)*.

Das Schaf kennt sich nicht mehr aus. Es hat Angst und zittert *(G)*. Das Schaf will wieder zur Herde zurück und schreit um Hilfe.

Da merkt der Hirte: Ein Schaf fehlt. Wo mag es sein?
Ich will es suchen!
Überall sucht der Hirte nach seinem Schaf. Er schaut *(G)*. Er ruft *(G)*. Er horcht *(G)*.

Auf einmal hört er das Schaf schreien. Endlich hat er es gefunden! Der Hirte läuft zum Schaf und nimmt es in die Arme *(G)*.

Voller Freude trägt er sein Schaf zurück zur Herde.
Er läuft zu seinen Freunden und sagt zu ihnen: „Freut euch mit mir, ich habe mein Schaf wiedergefunden, das verloren war.“

Vorleser hält die Bibel in die Höhe und spricht:

Aus dem Heiligen Buch von Jesus Christus, unserem Herrn. – Amen.

Predigt

Spiel Teil 1 *Ein Erwachsener trägt ein großes Stoffschaf herein und stellt es auf das grüne Tuch und spricht:*

Als Schaf hat man es nicht leicht.
Den ganzen Tag müssen wir wandern,
den ganzen Tag suchen wir Gras und frisches Wasser.
Gut, dass ich viele Freunde habe und nicht allein bin.
Gut, dass wir einen Hirten haben, der für uns da ist.

Ein weiterer Erwachsener trägt eine Hirtenfigur zum Altar und stellt sie auf das grüne Tuch zum Schaf dazu und spricht:

Ja, so ein Hirte ist wichtig für die Schafe. Der Hirte kennt seine Schafe. Er passt auf sie auf. Und wenn eines verloren geht, dann sucht er es und bringt es zurück zur Herde. So geht es allen gut.

Spiel Teil 2 *Kinder treten zum Altar und gestalten zum „Spiellied vom guten Hirten" einen Kreistanz um das grüne Tuch. Kinder sind als Hirten verkleidet.*

Lied Spiellied vom guten Hirten (s. S. 166, mit *Spielvorschlag*)

V Jetzt haben wir es gespürt, warum Jesus diese Geschichte erzählt hat: Er will auch für uns ein guter Hirte sein. Deshalb gibt es viele Menschen, die uns helfen und für uns da sind. Dafür wollen wir Gott danken:

Danksätze *statt Fürbitten*

Einzelne Kinder treten vor und tragen folgende Sätze vor. Nach jedem dieser Sätze kann von allen der Refrain des Hirtenliedes gesungen werden.

- Danke für den Kindergarten. Dort können wir uns wohlfühlen und vieles lernen.

Liedruf „Hirte, Hirte …"

- Danke für unsere Freunde, mit denen wir gemeinsam spielen.

- Danke für unsere Eltern und alle Erwachsenen, die uns lieb haben und immer für uns da sind.

V Von dir, o Gott, kommt alles Gute. Du bist bei uns und begleitest uns wie ein guter Hirte. Dafür danken wir durch Jesus Christus, unseren Herrn. Amen.

Vaterunser

Schlussgebet *in Anlehnung an Psalm 23*
Lieber Gott, du bist wie ein guter Hirte.
Du wirst uns begleiten. Dein Wort und dein Segen geben uns Kraft.
Wir brauchen uns nicht zu fürchten, denn du bist immer für uns da.
Dafür danken wir durch Jesus Christus, unseren Herrn. Amen.

Gemeinsames Kreuzzeichen *oder* **Kindersegnung**

PASSENDE LIEDER FÜR DEN GOTTESDIENST

- Das wünsch ich sehr (KiGoLo, Nr. 291)
- Gottes Liebe ist so wunderbar (KGB, Nr. 146)
- Halte zu mir guter Gott (KGB, Nr. 8)
- Kindermutmachlied (KGB, Nr. 150)

WAS KINDERN BESONDERS SPASS MACHT

- Schafbilder mit Watte oder Wolle gestalten
- Einen Schäfer/Bauern mit Schafen besuchen
- Schafe streicheln, Schafwolle fühlen, sich auf ein Schaffell legen und dabei Musik hören oder mit einem Massageball massiert werden
- Schafskäse oder Schafsmilch probieren

DANKE FÜR DIESEN GUTEN MORGEN

AM ANFANG DER WOCHE

Vorbereitung

- Große Vase neben den Altar stellen
- Eine große Blume für jede Gruppe (z. B. Gladiole); die Kinder bringen zu den Fürbitten die Blume ihrer Gruppe nach vorne zur Vase
- Fürbitten vorbereiten

Anfangsrituale

Einführung Liebe Kinder, eine neue Woche hat angefangen. Wir freuen uns, dass wir uns alle wieder sehen. Heute sind wir zusammengekommen, weil wir mit Gott beginnen wollen. Deshalb werden wir heute feiern, singen und zu Gott beten.

Kyrie-Rufe Herr Jesus, du bist unser Freund.
V/A Herr, erbarme dich.
Herr Jesus, du schaust auf uns.
V/A Christus erbarme dich.
Herr Jesus, du begleitest uns.
V/A Herr, erbarme dich.

Gebet Lieber Gott, wir haben uns versammelt: Wir danken und bitten. In Liebe schaust du auf uns. Wir vertrauen darauf, dass du uns auch diese Woche beschützt. Segne und begleite uns durch Jesus Christus, unseren Herrn. Amen.

Schriftwort Von der falschen und der rechten Sorge (Mt 6,26–30)

In jener Zeit sprach Jesus zu seinen Jüngern:
„Seht auf die Blumen, die auf dem Feld wachsen! Ich sage euch: Selbst ein König ist nicht so schön gekleidet wie sie.
Wenn aber Gott sogar das Gras so prächtig kleidet, das vielleicht morgen schon weggeworfen wird, wie viel mehr dann euch, ihr Menschen!
Macht euch also keine Sorgen. Gott liebt diese Welt."

Vorleser hält die Bibel in die Höhe und spricht:

Aus dem Heiligen Buch von Jesus Christus, unserem Herrn. – Amen.

Predigt Liebe Kinder,

L nimmt eine Blume in die Hand.

Jesus spricht: Schaut die Blumen an, wie schön sie sind. Gott sorgt sich um die Pflanzen. Erst recht kümmert er sich um die Menschen, die er so sehr liebt. Deshalb dürfen wir doch darauf vertrauen, dass Jesus jeden von uns begleitet. Amen.

Fürbitten *Einzelne Kinder bringen zu jeder Fürbitte eine Blume zum Altar und stecken sie in eine große Vase, so dass nach und nach ein bunter Strauß entsteht; andere Kinder tragen die Fürbitten dazu vor.*

V Guter Gott, du bist immer bei uns. Voll Vertrauen richten wir unsere Bitten an dich:

- Wir beten für alle Kinder, dass sie diese Woche viel Schönes erleben!

Liedruf „Herr, begleite uns ..." (s. S. 165)

- Wir beten für unsere Eltern, dass es ihnen immer gut geht.
- Wir beten für unsere Erzieherinnen, dass sie auch gerne mit uns spielen und arbeiten.

V Denn du, o Gott, bist unser Freund. Mit deiner Hilfe wird unsere Zeit so schön wie ein bunter Blumenstrauß, durch Jesus Christus, unseren Herrn. Amen.

L Gott sorgt sich und geht mit uns. Das wollen wir erleben und spüren:

Tanzlied Gott geht mit (s. S. 162, mit *Tanzanleitung*)

Vaterunser

Schlussgebet Lieber Gott, du begleitest uns. Du gehst mit uns. Dafür danken wir durch Jesus Christus, unseren Herrn. Amen.

Gemeinsames Kreuzzeichen *oder* **Kindersegnung**

PASSENDE LIEDER FÜR DEN GOTTESDIENST

- Danke für diesen guten Morgen (KGB, Nr. 175)
- Gott, dein guter Segen (KGB, Nr. 220)
- Gottes Liebe ist so wunderbar (KGB, Nr. 146)
- Halte zu mir, guter Gott (KGB, Nr. 8)
- Ich sag dir guten Morgen (KGB, Nr. 178)
- Kindermutmachlied (KGB, Nr. 150)

WEITERE MÖGLICHE AKTIONEN IM GOTTESDIENST

- Fingerabdruck: Plakat mit Fingerabdruck (bunte Fingerfarben) von jedem Kind machen. – Bezug: Jeder Einzelne ist Gott wichtig/ Gott kümmert sich um jeden Einzelnen.
- Kinder bringen ausgeschnittene Handumrisse/Handabdrücke mit und kleben sie auf ein Plakat.

WAS KINDERN BESONDERS SPASS MACHT

- Blumen aus Chiffontüchern mit den Händen entstehen lassen (Chiffontuch dazu fest mit beiden Händen zusammendrücken und dann die Hände langsam öffnen)
- Blumentopf aus Joghurtbecher (Fruchtzwerg) basteln und mit einer großen Blüte verzieren, Blumen hineinpflanzen
- Blumenstrauß aus buntem Papier falten

EIN APFEL ZEIGT UNS GOTTES LIEBE

ERNTEDANK

Vorbereitung

- Kinder in dunkler Kleidung, weiße Tücher, Sonne aus Pappe, grüne Tücher, Blüten aus weißem Krepp-Papier, Rainmaker, Äpfel, Korb
- Erntedankgaben bereitstellen
- Für jeden Danksatz Obst (Birnen, Zwetschgen ...), Gemüse (Tomaten, Gurken, Karotten ...) und Getreide (Getreide, Brot) in einem Korb
- Danksätze vorbereiten

Anfangsrituale

Einführung Liebe Kinder, jeden Tag haben wir genug zu essen. Viele frühstücken vor dem Kindergarten, haben eine Brotzeit dabei für die Pause und freuen sich dann auf das Mittagessen. Deshalb wollen wir in der Erntezeit Gott danken für alle Früchte, für das Getreide und alles Gemüse, das er auf der Welt wachsen lässt. Wir beten und rufen zu Jesus, unserem Freund:

Kyrie-Rufe Herr Jesus, durch deine Liebe gehören wir alle zusammen.
V/A Herr, erbarme dich.
Herr Jesus, mit dir bringt die Erde Gutes hervor.
V/A Christus, erbarme dich.
Herr Jesus, du schenkst uns dein gutes Wort.
V/A Herr, erbarme dich.

Gebet Lieber Gott, von dir kommt alles, was wir zum Leben brauchen. Du allein weißt, was uns gut tut. Jede Speise, die du uns gibst, schenkt uns Kraft. Dein Wort aber stärkt uns auch für das Leben. Dafür danken wir durch Jesus Christus, unseren Herrn. Amen.

Schriftwort Von der falschen und der rechten Sorge (Mt 6,26–30)

Jesus ist mit seinen Freunden unterwegs. Er sagt zu ihnen:
„Seht euch nur die Vögel an, wie sie am Himmel fliegen. Gott kümmert sich um sie, dass sie genug zu essen haben. Und schaut euch die Blumen an, die auf dem Feld wachsen. Sie sehen wunderschön aus! Selbst ein König ist nicht so herrlich gekleidet. Auch das Gras hat Gott prächtig gekleidet. Obwohl es sein kann, dass es morgen schon abgeschnitten und weggeworfen wird. Noch mehr kümmert sich Gott um die Menschen. Macht euch also keine Sorgen! Gott liebt diese Welt!“

Vorleser hält die Bibel in die Höhe und spricht:

Aus dem Heiligen Buch von Jesus Christus, unserem Herrn. – Amen.

Predigt Liebe Kinder, im Evangelium zeigt Jesus seinen Jüngern die Tiere und Pflanzen dieser Welt. Er sagt: „Seht die Vögel am Himmel und die Lilien auf dem Feld!“
An der Natur können wir erkennen, mit welcher Liebe Gott für uns sorgt. Das ganze Jahr hindurch lässt er Früchte wachsen. Seht euch diesen Apfel an:

Ein Apfel wird gezeigt.

Viele Monate ist er herangewachsen, so lange hat es gedauert, bis aus der Blüte eine saftige Frucht geworden ist. Die Kinder zeigen uns nun, wie durchs Jahr so ein Apfel entsteht.

Spielszene *Es treten drei Kinder vor den Altar, die Schulter an Schulter einen Baum darstellen; ihre Arme werden als „Äste" ausgestreckt.*

V1 Es ist Winter. Es ist kalt. Der Baum schläft. Schnee bedeckt seine Äste.

Einige Kinder kommen vor und decken die „Äste" des Baumes mit weißen Tüchern zu.

V2 Es wird Frühling. Die Sonne scheint immer wärmer. Blätter und kleine Blüten wachsen an den Ästen unseres Baumes.

Ein Kind tritt mit einer Papp-Sonne zum Baum. Die „Baum-Darsteller" lassen die weißen Tücher fallen.

Einige Kinder kommen vor und gestalten den „Baum" frühlingsmäßig:

- *Grüne Tücher als Blätter über die „Äste" hängen und*
- *Blüten aus weißem Krepppapier in die Hände geben*

V3 Es wird Sommer. Die Sonne scheint heiß vom Himmel. Doch es muss auch regnen,

Rainmaker ertönt

damit die Äpfel groß und saftig werden.

Die Darsteller lassen die Blüten fallen und nehmen bereitgestellte Äpfel in die Hände.

V4 Es ist Herbst. Alle Früchte sind reif. Wir dürfen ernten und die Früchte vom Baum pflücken. Die Menschen freuen sich über die Äpfel, die so gesund sind und gut schmecken.

Einige Kinder kommen vor, pflücken die Äpfel und legen sie in einen kleinen Korb.

L Liebe Kinder, der Apfelbaum hat es uns gezeigt: Gott sorgt für uns nach einem wunderbaren Plan. So viel geschieht durch das ganze Jahr hindurch, damit wir einen Apfel essen können. Und so geschieht es mit allen Früchten auf der Welt. Dafür danken wir heute am Erntedankfest. Amen.

Lied In meinem kleinen Apfel (Melodie: W. A. Mozart)

Danksätze Guter Gott, so viel schenkst du uns in deiner Güte. Wir danken für die Äpfel und für alles, was es gibt.

Kinder treten mit Früchten auf und legen diese in einen Korb vor den Altar:

- Du schenkst uns Birnen, Zwetschgen und anderes Obst.

V/A Lieber Gott, wir danken dir!

- Du schenkst uns Tomaten, Gurken, Karotten und anderes Gemüse.
- Du schenkst uns viel Getreide und das tägliche Brot.

So schenkst du uns deine Liebe durch Jesus Christus, unseren Herrn. Amen.

Lied Seht, was wir geerntet haben (s. S. 167)

Vaterunser

Schlussgebet Gott, unser Herr, du lässt alles Gute wachsen. Mit jedem Essen ernährst du uns. Durch dein Wort und dein Brot stärkst du unseren Geist und unseren Leib. Bleib uns nahe durch Jesus Christus, unseren Herrn. Amen.

Gemeinsames Kreuzzeichen *oder* **Kindersegnung**

PASSENDE LIEDER FÜR DEN GOTTESDIENST

- Alle guten Gaben (KGB, Nr. 140)
- Alles kommt von dir (KGB, Nr. 135)
- Danke Gott, guter Gott (KiGoLo, Nr. 257)
- Die Sonne hoch am Himmelszelt (Pfälzer Kindermesse)
- Du hast uns deine Welt geschenkt (KiGoLo, Nr. 351)
- Erntedank ist heute (KiGoLo, Nr. 258)
- Gottes bunter Garten (KGB, Nr. 136)
- Gottes Liebe ist so wunderbar (KGB, Nr. 146)

- In deinem Haus sind wir zu Haus (KiGoLo, Nr. 259)
- Vom Aufgang der Sonne (KGB, Nr. 149)
- Wir ziehen mit dem Erntekorb (KiGoLo, Nr. 255)

WAS KINDERN BESONDERS SPASS MACHT

- Mit Äpfeln kochen und backen: Marmelade, Saft, Kuchen, getrocknete Apfelringe …
- Verschiedene Sorten Äpfel probieren
- „Apfelbuch" zur Entstehung des Apfels basteln
- Ein Apfelfest feiern

SANKT MARTIN HILFT GERNE

MARTINSFEIER

Vorbereitung

- Begleitende Darstellung zur Legende vom heiligen Martin vorbereiten
- Fürbitten vorbereiten
- Laternen basteln
- Lichtertanz vorbereiten
- Evtl. Pferd mit Reiter organisieren

Anfangsrituale

Einführung Liebe Kinder, heute feiern wir das Fest des heiligen Martin. Ein Heiliger ist ein Mensch, der mit Gott besonders verbunden ist. Martin hat so gelebt, wie es Jesus gefällt. Martin hat versucht, Licht und Wärme in die Welt zu bringen. Deshalb habt ihr eure selbstgebastelten Laternen heute mitgebracht. Sie sind ganz bunt und bringen Licht in diese dunkle Jahreszeit. – Der heilige Martin brachte Licht und Wärme in die Welt. Wir rufen zu Jesus Christus, unserem Freund und Herrn:

Kyrie-Rufe Herr Jesus Christus, du hast alle Menschen lieb.
V/A Herr, erbarme dich.
Herr Jesus Christus, du zeigst uns die Liebe Gottes
V/A Christus, erbarme dich.
Herr Jesus Christus, du bist das Licht der Welt.
V/A Herr, erbarme dich.

Gebet Gütiger Gott, wir feiern den Namenstag des heiligen Martin. Wir singen und beten miteinander. Schenke uns dein Wort, das uns Mut und Kraft gibt. Darum bitten wir durch Jesus Christus, unseren Herrn. Amen.

Schriftwort Vom Weltgericht (Mt 25,31–40)

Jesus erzählt:
„So wird Gott sprechen: Kommt her, ich will euch segnen und loben. Denn ich war nackt und ihr habt mir Kleidung gegeben.
Und die Menschen werden fragen: Herr, wann haben wir dich nackt gesehen und dir Kleidung gegeben?
Gott wird antworten: Amen, ich sage euch:
Was ihr den Armen und Schwachen tut, das habt ihr mir getan."

Vorleser hält die Bibel in die Höhe und spricht:

Aus dem Heiligen Buch von Jesus Christus, unserem Herrn. – Amen.

Martins-Geschichte

Gott will, dass wir zu allen Menschen gut sind. Der heilige Martin hat ein Beispiel gegeben.

Zur Erzählung der Legende kann eine szenische Darstellung gestaltet werden, eine kleine Aufführung oder ein Schattenspiel (am Tageslichtprojektor). Die Erzählung kann aber auch als Klanggeschichte gestaltet werden.

Das ist Martin. Martin ist Soldat. Er hat ein großes Schwert, einen glänzenden Helm und ein schnelles Pferd. Mitten im Winter reitet er in eine Stadt. Es ist eiskalt und es schneit. Martin ist froh, dass er seinen warmen Soldatenmantel hat.
Vor dem Stadttor sitzt ein Bettler. Er ist so arm, dass er nichts Warmes zum Anziehen hat. Verzweifelt ruft er: „Gebt mir doch bitte etwas Warmes! Mir ist so kalt! Ich erfriere! Helft mir doch bitte!"
Aber die Menschen gehen einfach an ihm vorbei. Martin aber sieht den Mann. Er hört ihn rufen. Doch was soll er tun? Martin hat Mitleid mit dem Mann: „Wie kann ich ihm nur helfen?"

Lied Sankt Martin, Strophe 1–2

Da hat Martin eine Idee. Er nimmt sein Schwert und schneidet seinen Mantel in der Mitte auseinander. Einen Teil schenkt er dem Bettler, den anderen Teil hängt er sich selbst um. Der Bettler freut sich und er winkt Martin dankbar nach.

Lied Sankt Martin, Strophe 3–4

Fürbitten *Drei Kinder mit Laternen kommen und tragen die Fürbitten vor. Das Licht wird ausgeschaltet und es brennen nur noch die Kerzen am Altar. Kinder evtl. vorher darauf aufmerksam machen, dass es gleich dunkel wird. Nach jeder Fürbitte wird eine Laterne an einer Altarkerze angezündet.*

Guter Gott, viele Menschen brauchen unsere Hilfe und unser Gebet:

- Wir beten für alle armen Menschen, dass sie Hilfe bekommen.

V/A Schenke ihnen dein Licht.

- Wir beten für alle kranken Menschen, dass sie bald gesund werden.
- Wir beten für alle einsamen Menschen, dass sie Freunde finden.

Darum bitten wir durch Jesus Christus, unseren Herrn. Amen.

Lichtertanz Durch das Teilen des Lichtes wird es immer heller in der Kirche. Wer teilt, bringt immer mehr Licht in diese Welt.

Tanz mit Laternen zu „Tragt in die Welt nun ein Licht“ (KiGoLo, Nr. 202).

Vaterunser

Schlussgebet Lieber Gott, der heilige Martin ist uns ein Vorbild. Er hilft dem armen Bettler. Wie Martin wollen auch wir helfen. Hilf du uns dabei. Darum bitten wir durch Jesus Christus, unseren Herrn. Amen.

Gemeinsames Kreuzzeichen *oder* **Kindersegnung**

Anschließend Laternenumzug (mit Pferd und Reiter)

PASSENDE LIEDER FÜR DEN GOTTESDIENST

- Als Martin ein Soldat noch war (KiGoLo, Nr. 327)
- Du heiliger Martin (KiGoLo, Nr. 330)
- Ein Bettler saß im kalten Schnee (KGB, Nr. 87)
- Sankt Martin, du hast Jesus nachgemacht (KiGoLo, Nr. 328)
- Sankt Martin ritt durch Schnee und Wind (KGB, Nr. 86)

ADVENT UND WEIHNACHTSZEIT

SANKT NIKOLAUS SIEHT DIE NOT DER MENSCHEN

NIKOLAUSFEIER

Vorbereitung

- Bild von Nikolaus mit Mitra, Stab und Äpfeln
- Begleitende Darstellung (Schattenspiel) zur Nikolaus-Legende vorbereiten
- Evangeliar
- Bitten vorbereiten

Anfangsrituale

Einführung Liebe Kinder, heute ist ein aufregender Tag. Heute feiern wir das Fest des heiligen Nikolaus. Er war vor langer Zeit Bischof in Myra. Hier sehen wir ein Bild von ihm: Zu einem Bischof gehört eine Mitra auf dem Kopf und ein Stab.

Bild vom Nikolaus mit Mitra, Stab und Äpfeln zeigen.

Er hat viel Gutes in seinem Leben getan, weil er auf das Wort von Jesus gehört hat.
Zu Jesus wollen wir rufen:

Kyrie-Rufe Herr Jesus, du liebst alle Menschen.
V/A Herr, erbarme dich.
Herr Jesus, der heilige Nikolaus hörte auf dein Wort.
V/A Christus, erbarme dich.
Herr Jesus, auch wir hören auf dein Wort.
V/A Herr, erbarme dich.

Nikolaus-Legende

Hinführung Liebe Kinder, zu einem Bischof gehören Mitra und Stab. Der heilige Nikolaus hat aber noch etwas Besonderes in seinen Händen.

Verweis auf das Bild – evtl. Kinderäußerungen.

Er hält ein Buch in der rechten Hand mit drei goldenen Kugeln. Warum hat der heilige Nikolaus Kugeln in der Hand? Davon erzählt uns eine Geschichte aus seinem Leben.

Erzählung *Hier würde sich ein Schattenspiel anbieten zur Unterstützung des Gehörten. Das Schattenspiel kann entweder mit Erzieherinnen hinter einem großen Bettlacken oder mit Figuren auf dem Overheadprojektor nachgestellt werden.*

In der Stadt Myra lebt ein Mann mit seinen drei Töchtern. Jeden Tag arbeitet er hart, damit sie alle genug zu essen haben. Plötzlich wird der Vater schwer krank. Er muss im Bett liegen. Er kann nicht mehr arbeiten. Er kann kein Geld mehr verdienen. Bald haben sie nichts mehr zu essen. Alle Vorräte sind aufgebraucht und die Familie muss hungern. Der Vater macht sich große Sorgen und denkt: „Was soll nur aus meinen Kindern werden?“
Der heilige Nikolaus ist Bischof in der Stadt und er hört von der Not dieser Familie. Er hat Mitleid und will helfen. Heimlich schleicht er nachts an das Haus der Familie. Er legt drei goldene Kugeln auf das Fensterbrett. Leise schleicht er sich davon, denn er will nicht erkannt werden. Ihm reicht die Freude, Gutes zu tun. Er will kein Lob dafür haben.
Der Vater kann mit den goldenen Kugeln wieder für seine Familie sorgen. Er dankt Gott für dieses wunderbare Geschenk.

Nikolauslied z. B. von Franz Kett; in: „Religionspädagogische Praxis“ 2001/3, S. 57

L Jetzt wissen wir, warum der heilige Nikolaus drei goldene Kugeln in der Hand hat. Die drei Kugeln auf unserem Bild erinnern an die Geschichte, in der Nikolaus hilft und schenkt. Auch heute verehren die Menschen den heiligen Nikolaus. Viele Menschen spielen diesen heiligen Mann, der allen Kindern mit Geschenken Freude bringt.

Gebet Gütiger Gott, deine Liebe macht uns froh. Öffne unsere Ohren und unsere Augen, damit wir deine Botschaft verstehen. Du bist unser Freund und schenkst uns dein Wort. Dafür danken wir durch Jesus Christus, unseren Herrn. Amen.

Schriftwort Vom Weltgericht (Mt 25,31–40)

Jesus sagt zu seinen Freunden:
„Wenn Gott in seiner Herrlichkeit kommt und alle Engel mit ihm, dann wird er sich auf seinen Thron setzen und sprechen: Kommt her, ich will euch segnen und loben.
Denn ihr habt den Hungrigen zu essen gegeben, ihr habt den Durstigen zu trinken gegeben, ihr habt die Kranken besucht.
Amen, ich sage euch: Was du für einen anderen Menschen tust, das tust du für mich."

Vorleser hält die Bibel in die Höhe und spricht:

Aus dem Heiligen Buch von Jesus Christus, unserem Herrn. – Amen.

Predigt Hier steht das Wort Gottes. Jesus schenkt uns seine frohe Botschaft, die heißt: Wir dürfen uns freuen und unsere Freude allen weiterschenken. So werden auch wir beschenkt und gesegnet. Amen.

Bitten Guter Gott, der heilige Nikolaus ist uns ein Vorbild. Er sieht die Not der Menschen. An seinem Gedenktag bitten wir voll Vertrauen:

- Bischof Nikolaus hat anderen Menschen geholfen. Auch wir können anderen helfen.

A Wir bitten dich, erhöre uns.

- Bischof Nikolaus hat den Menschen Freude geschenkt. Auch wir können viel Freude machen.
- Bischof Nikolaus hat den Menschen zugehört. Hilf uns, dass auch wir gut zuhören.

Darum bitten wir durch Jesus Christus, unseren Herrn. Amen.

Nikolauslied z. B. Lasst uns froh und munter sein

Vaterunser

Schlussgebet Guter Gott, heute erinnerten wir uns an den heiligen Nikolaus. Er hat die Not der Menschen gesehen. Er hat für sie gebetet und er hat ihnen geholfen. Die Liebe des Bischofs Nikolaus ist bis heute nicht vergessen. Darum danken wir durch Jesus Christus, unseren Herrn. Amen.

Gemeinsames Kreuzzeichen *oder* **Kindersegnung**

PASSENDE LIEDER FÜR DEN GOTTESDIENST

- Nikolauslieder
- Dicke rote Kerzen
- Lasst uns froh und munter sein
- Nikolaus komm zu mir nach Haus
- Sei gegrüßt, lieber Nikolaus (KiGoLo, Nr. 324)
- Wenn unsre Kerze brennt
- Wir sagen euch an den lieben Advent (KGB, Nr. 29)

MÖGLICHE AKTIONEN WÄHREND DES GOTTESDIENSTES (ODER IM KINDERGARTEN)

Das Fingerspiel vom Nikolaus

Aus einem klitzekleinen Haus,	*Mit den Fingern ein Dach bilden*
da schaut der Nikolaus heraus.	*Mit der Hand die Augen beschirmen*
Er trägt eine Brille, klein und rund.	*Mit den Zeigefingern und Daumen beider Hände Kreise bilden und vor die Augen halten*
Ein langer Bart verdeckt den Mund.	*Pantomimisch die Länge des Bartes zeigen*
Er zieht nun seine Stiefel an,	*Pantomimisch die Stiefel anziehen*
damit er los marschieren kann.	*Auf der Stelle gehen*
Auf dem Rücken liegt der Sack, den trägt er heute huckepack.	*Gebeugt auf der Stelle gehen*
Die Sterne ziehen nun voran, damit er alles sehen kann.	*Die Finger in die Luft heben und spreizen*
Er holt ganz leis vor jedem Haus, ein Päckchen aus dem Sack heraus.	*Pantomimisch darstellen*
Der Sack ist leer, wie ist das schön, nun kann er schnell nach Hause gehn.	*Schnell auf der Stelle gehen*
Der Nikolaus ruht sich jetzt aus und kommt erst morgen wieder raus.	*Die Hände zusammenlegen und den Kopf darauf legen*

(http://home.arcor.de/fingerspiele-lieder/Das Fingerspiel vom Nikolaus.htm)

Fingerspiel

Fünf Kinder seh'n zum Fenster 'raus
Und warten auf den Nikolaus:

Das erste sagt: Ich freu' mich so,
Heute kommt der Nikolo!

Das zweite sagt: Ich seh' ihn schon,
Bleibt da und lauft jetzt nicht davon.

Das dritte mischt sich auch gleich ein,
Er ist unser Freund, so soll es auch sein.

Das vierte lacht, er ist schon da,
Hat Stiefel an wie jedes Jahr.

Das fünfte ruft, ich seh' die Mütze und den Stab,
Sein frohes Gesicht, das ich so mag.

Da stimmen alle jetzt mit ein:
Nikolaus, du sollst uns herzlich willkommen sein!

(Edeltraud Schneider: https://www.heilpaedagogik-info.de/fingerspiele/weihnachten-nikolaus/758-fuenf-kinder-sehn-zum-fenster-raus.html)

Fingerspiel

Rudi, Trudi, Gretel, Franz und der winzig kleine Hans, freu'n sich auf den Nikolaus, ach, wann kommt er denn ins Haus?	*Die Personen werden an den Fingern abgezählt.*
Mit dem Stabe so gebogen, kommt er durch das Dorf gezogen.	*Die Hände stellen die Form des Stabes nach.*
Hat die spitze Mütze auf, mit dem goldnen Kreuz darauf.	*Die Hände zeigen über den Kopf. Ein Kreuz wird dargestellt.*
Wunderschön ist sein Gewand, freundlich winkt er mit der Hand.	*Hier fahren die Hände über den Körper. Es wird vornehm gewunken.*

„Rudi, Trudi, Gretel, Franz und der winzig kleine Hans, sagen fromm ihr Sprüchlein auf und St. Nikolaus sagt darauf: Weil ihr das so gut gemacht, hab' ich euch was mitgebracht.	*Personen an den Fingern abzählen.*

(http://www.baby-lexikon.com/news/news/5-fingerspiele-fuer-nikolaus-und-weihnachten.html)

Lied A, a, a, der Winter der ist da

A, a, a, der Winter der ist da.
Herbst und Sommer sind vergangen,
Winter, der hat angefangen,
A, a, a, der Winter der ist da.

E, e, e, nun gibt es Eis und Schnee.
Blumen blüh'n an Fensterscheiben,
sind sonst nirgends aufzutreiben,
E, e, e, nun gibt es Eis und Schnee.

I, i, i, vergiss des Armen nie.
Hat oft nichts, sich zuzudecken,
Wenn nun Frost und Kält' ihn schrecken.
I, i, i, vergiss des Armen nie.

O, o, o, wie sind wir alle froh,
wenn der Niklaus wird was bringen
und vom Tannenbaum wir singen.
O, o, o, wie sind wir Kinder froh.

U, u, u, die Teiche frieren zu.
Hei, nun geht es wie der Wind
übers blanke Eis geschwind.
U, u, u, die Teiche frieren zu.

(August Heinrich Hoffmann von Fallersleben 1798–1874)

MORGENKREISE IM ADVENT

Vorbemerkung

Im Folgenden werden vier Andachten angeboten, welche die vier Wochen des Advents begleiten. Als durchgängiges Thema dieser Zeit wird anhand mehrerer Symbole der vertraute Adventskranz erschlossen und in seiner Bedeutung bewusst gemacht. Dabei werden Zeichen herausgegriffen, die auf das bevorstehende Weihnachtsfest verweisen:

- Kerze
- Schleife
- Stern
- Engel

Mit diesen Symbolen wird der – am Beginn der Adventszeit zunächst schmucklose – Adventskranz Woche für Woche mehr und mehr geschmückt.

LIEDER FÜR ALLE ADVENTLICHEN GOTTESDIENSTE:

- Advent, die erste Kerze brennt (KiGoLo, Nr. 189)
- Die Kerze brennt, ein kleines Licht (KGB, Nr. 28)
- Ein Licht geht uns auf (KGB, Nr. 25)
- Im Advent, im Advent (KiGoLo, Nr. 194)
- Mache dich auf und werde Licht (KGB, Nr. 24)
- Seht, die gute Zeit ist nah (KGB, Nr. 27 und KiGoLo, Nr. 195)
- Wir sagen euch an den lieben Advent (GL 223)
- Zündet eine Kerze an (KiGoLo, Nr. 199)

„SEID WACHSAM!“

1. MORGENKREIS – SYMBOL: KERZE

Vorbereitung

- Großer ungeschmückter Adventskranz
- Vier Kerzen
- „Wächter“ (mit Mantel, Hut, Glocke und Laterne)
- Evtl. Spaltlaterne
- Lichtertanz vorbereiten
- Danksätze vorbereiten
- Teelichter für alle Kinder vorbereiten
- Gedanken machen zur Verdunklung des Raumes

Lied z. B. Macht hoch die Tür (GL 218)

Anfangsrituale

Einleitung Liebe Kinder, heute beginnt eine neue Zeit, die Adventszeit. Es ist die Vorbereitung auf das Weihnachtsfest. Zur Adventszeit gehört der Adventskranz. Viele haben einen Adventskranz zu Hause. Hier haben wir einen besonders großen Kranz.

Der ungeschmückte Adventskranz wird jetzt, wenn möglich auch vertikal, gezeigt, damit ihn jeder einmal als Ring bzw. Kreis sehen kann.

Schaut, er ist aus Tannenzweigen gemacht, und er ist auch im Winter grün. Grün ist die Farbe der Hoffnung. Und er ist rund wie ein Kreis. Er hat keinen Anfang und kein Ende, so wie die ewige Liebe Gottes. Wir rufen zu Jesus Christus, unserem Herrn:

Kyrie-Rufe Herr Jesus, du schenkst uns deine Liebe.
V/A Herr, erbarme dich.
Herr Jesus, du willst uns nahe sein.
V/A Christus, erbarme dich.
Herr Jesus, wir freuen uns auf Weihnachten.
V/A Herr, erbarme dich.

Spielszene *Ein „Nachtwächter" (mit Mantel, Hut, Glocke und Laterne) kommt herein, geht nach vorne, läutet mit der Glocke und ruft:*

Ich bin ein Nachtwächter. Früher, vor langer Zeit, war ich sehr wichtig. Ich war der einzige, der die ganze Nacht wach blieb. Deshalb habe ich eine Laterne dabei.

Er hebt die Laterne hoch.

Am Morgen wecke ich alle Menschen in der Stadt auf

Er läutet mit der Glocke.

und sage ihnen die Zeit an. Deshalb bin ich heute bei euch: Ich sage euch eine neue Zeit an, die Adventszeit! Und ich schenke euch mein Laternenlicht für euren Adventskranz.

Lied Wir sagen euch an (GL 223)

Während alle die erste Strophe des Liedes singen, tragen vier Kinder feierlich die Kerzen für den Adventskranz nach vorne, wo der Kranz vor den Augen aller damit geschmückt wird. Eine Kerze wird entzündet.

Gebet Gütiger Gott, du schenkst uns die Zeit der Freude. Wir wollen deine Botschaft hören. Mit deinem Wort gibst du uns Kraft und Zuversicht durch Jesus Christus, unseren Herrn. Amen.

Schriftwort Verheißung der Geburt des göttlichen Kindes (Jes 9,1–6)

Viele Menschen leben im Dunkeln.
Sie wohnen im Land der Finsternis.
Dort ist es kalt. Man sieht fast nichts.
Plötzlich strahlt ein Licht auf.
Sie jubeln und freuen sich.
Sie glauben und hoffen:
Ein Kind wird geboren.
(Das ist Jesus.)
Er wird ein König sein.
Mit allen Menschen baut er ein Königreich der Liebe.

Vorleser hält die Bibel in die Höhe und spricht:

Aus dem Heiligen Buch von Gott. – Amen.

Die Schriftlesung kann visuell unterstützt werden durch eine „Spaltlaterne" (Bastelanleitung siehe S. 56). Der Effekt des Lichtes ist allerdings nur in dunklen Räumen möglich.

Predigt Wir haben aus der Bibel gehört: Seit vielen Jahren warten die Menschen auf die Geburt von Jesus. Sie fühlen sich wie Menschen in der Dunkelheit, und sie ahnen: Wenn Jesus kommt, dann wird es hell.
Und tatsächlich ist mit Jesus Gott zu den Menschen gekommen. Er hat die Welt hell gemacht. Deshalb zünden wir jede Woche am Adventskranz mehr Kerzen an. So wird es immer heller, bis wir das Fest seiner Geburt an Weihnachten feiern.

Danksätze Wir freuen uns auf Weihnachten. So beten wir und danken Gott.

○ Herr, du schenkst uns das Leben.

V/A Guter Gott, wir danken dir!

○ Herr, du bist für uns das Licht der Welt.

V/A Guter Gott, wir danken dir!

○ Herr, du schenkst uns Menschen, die uns lieb haben.

V/A Guter Gott, wir danken dir!

Lichtertanz Tragt in die Welt nun ein Licht (KiGoLo, Nr. 202)

Aufgeführt von einer Gruppe oder von den Vorschulkindern mit einem Teelicht im Kerzenglas/Windlicht in der Hand.

Tragt in die Welt nun ein Licht!	*Im Uhrzeigersinn im Kreis gehen*
Sagt allen: „Fürchtet euch nicht.	*Langsam um die eigene Achse drehen*
Gott hat euch lieb, Groß und Klein.	*Gegen den Uhrzeigersinn im Kreis gehen*
Seht auf des Lichtes Schein.“	*Kerzenglas nach oben halten*

Vaterunser

Schlussgebet Guter Gott, du machst unser Leben hell, denn du hast uns Jesus geschenkt, und Jesus ist das Licht der Welt. Jesus macht mein Leben hell. Wir freuen uns auf Weihnachten und danken dir durch Jesus Christus, unseren Herrn. Amen.

Gemeinsames Kreuzzeichen *oder* **Kindersegnung**

Am Ende des Gottesdienstes bekommt jedes Kind ein Teelicht. Um die Metallhülle wurde ein Papierstreifen mit folgender Aufschrift geklebt: Jesus macht mein Leben hell.

PASSENDE LIEDER FÜR DEN GOTTESDIENST

- Im Advent, im Advent (KiGoLo, Nr. 194)
- Mache dich auf und werde Licht (KGB, Nr. 24/KiGoLo, Nr. 207)
- Tragt in die Welt nun ein Licht (KiGoLo, Nr. 202)
- Wir sagen euch an (GL 223)
- Zündet eine Kerze an (KiGoLo, Nr. 199)

WEITERE MÖGLICHE AKTIONEN WÄHREND DES GOTTESDIENSTES

Gedicht

Advent, Advent, ein Lichtlein brennt,
erst eins, dann zwei, dann drei, dann vier,
dann steht das Christkind vor der Tür.

WAS KINDERN BESONDERS SPASS MACHT

- Das Glas (z. B. ein Marmeladenglas) für den Lichtertanz kann vorher im Kindergarten mit adventlichen Motiven verziert werden: Glas mit weißer Farbe bemalen, adventliche Motive ausschneiden oder ausstanzen und von innen gegen das Glas kleben (gibt tolle Schatteneffekte).
- Bastelanleitung für eine Spaltlaterne: Goldfolie rechteckig zuschneiden und anschließend an der kürzeren Seite zusammenfalten (halbieren). Nun wird an der langen (und noch immer zusammengefalteten) Seite ca. alle 1 cm eingeschnitten. Oben sollte ein ca. 2 cm langer Rand stehenbleiben. Die Metallfolie wird jetzt auseinandergefaltet. Am oberen 2 cm breiten Rand kann nun ein (Ton-)Papierstreifen mit einer Aufschrift angebracht werden (z. B. Jesus macht mein Leben hell!). Der erste und der letzte Längsstreifen werden laternenförmig zusammengeklebt. Drückt man nun von oben leicht auf die Laterne, dann gehen die Lamellen der Laterne auseinander und der Lichtschein der Kerze wird deutlicher sichtbar – es wird heller. Man kann noch einen Boden aus Tonpapier oder Karton basteln oder die Spaltlaterne über ein Glas mit einem Teelicht stellen.
- Stern aus Pappkarton oder Wellpappe ausschneiden, in die Mitte ein Teelicht kleben

GOTTES GESCHENKE

2. MORGENKREIS – SYMBOL: SCHLEIFE

Vorbereitung

- Geschenkschachtel mit den vier Adventskranzschleifen
- Schriftrolle mit Evangeliumstext
- Dankrufe vorbereiten

Lied Wir sagen euch an, 1. und 2. Strophe (GL 223)
Zur jeweiligen Strophe die entsprechende Kerze anzünden.

Anfangsrituale

Einführung Heute zünden wir zwei Kerzen an. Die Kerzen gehören zum Adventskranz und zeigen uns, dass wir bald Weihnachten feiern dürfen. Heute wird unser Adventskranz weiter geschmückt.

Ein Kind kommt nach vorne und übergibt dem Sprecher eine Geschenkschachtel, die mit den vier Schleifen des Adventskranzes geschmückt ist.

L Ein Geschenk für uns! Es ist sehr schön eingepackt. Was mag da wohl drinnen sein?

Das Paket wird geöffnet und die darin enthaltene „Schriftrolle" entnommen.

Seht mal! Da ist eine Schriftrolle drin! Ein uralter Text, in dem Maria, die Mutter von Jesus, über ihre Freude spricht. Sie freut sich auf die Geburt ihres Sohnes.

Schriftwort Magnifikat (Lk 1,46 ff)

Ein Engel kommt zu Maria. Er schenkt ihr eine Botschaft von Gott.
Maria darf Jesus zur Welt bringen. Sie betet:
„Gott, du bist so groß und gut.
Deshalb freue ich mich und will jubeln.
Ich bin so klein, und du schaust auf mich.
Große Wunder geschehen in meinem Leben.
Alle Menschen freuen sich mit mir auf das Jesuskind."

Vorleser hält die Bibel in die Höhe und spricht:

Aus dem Heiligen Buch von Jesus Christus, unserem Herrn. – Amen.

Gebet Wir können wie Maria beten:
Gott, du bist so groß und gut.
Deshalb freue ich mich und will jubeln.
Ich bin so klein, und du schaust auf mich.
Große Wunder geschehen in meinem Leben.
Alle Menschen freuen sich mit mir auf das Jesuskind.

Predigt Liebe Kinder, Maria freut sich sehr auf die Geburt von Jesus. Deshalb dankt sie Gott aus ganzem Herzen. Für sie ist Jesus das größte Geschenk Gottes. Auch wir freuen uns mit Maria. Auch für uns ist Jesus ein großes Geschenk. Damit wir im Advent immer daran denken, hängen wir an unseren Adventskranz schöne Schleifen.

Vier Kinder bringen feierlich die vier Schleifen der Geschenkschachtel zum Adventskranz; dieser wird mit den Schleifen geschmückt.

Dankrufe Guter Gott, alles Gute kommt von dir. Wir danken dir:
○ Herr, du schenkst uns viel Freude.
V/A Guter Gott, wir danken dir.
○ Herr, dein Sohn Jesus ist für uns wie ein Geschenk.
V/A Guter Gott, wir danken dir.

- Lieber Gott, wir freuen uns auf das Weihnachtsfest.

V/A Guter Gott, wir danken dir.

Vaterunser

Schlussgebet Guter Gott, Maria hat sich so sehr gefreut auf die Geburt von Jesus. Auch für uns ist dein Sohn Jesus das größte Geschenk. Auch wir freuen uns und danken dir heute und alle Tage unseres Lebens. Amen.

Gemeinsames Kreuzzeichen *oder* **Kindersegnung**

WAS KINDERN BESONDERS SPASS MACHT

- Ein Geschenk verpacken und mit einer Schleife verzieren
- Eine Käseschachtel mit Deckel zuerst bemalen und obendrauf eine Schleife kleben

STERNE LEUCHTEN IN DUNKLER NACHT

3. MORGENKREIS – SYMBOL: STERN

Vorbereitung

- Wunderkerze
- Sterne für den Adventskranz
- Flanellwand mit Stecknadeln (evtl. ist der Umriss des Sterns von Betlehem vorgezeichnet)
- Gebastelte Sterne der Kinder
- Fürbitten vorbereiten

Lied Wir sagen euch an, 1.–3. Strophe (GL 223)
Zur jeweiligen Strophe die entsprechende Kerze anzünden.

Anfangsrituale

Einführung Jetzt brennen schon drei Kerzen. Mit schönen Schleifen haben wir unseren Adventskranz bereits verziert. Sicher seid ihr neugierig, was heute noch dazu kommt. Deshalb habe ich euch etwas Besonderes mitgebracht.

Sprecher entzündet eine Wunderkerze.

Seht, wie das leuchtet! So etwas schauen wir gerne an. Es funkelt und leuchtet wie die Sterne am Himmel. Sterne sehen wir jetzt oft in der Adventszeit. Sterne sind Zeichen Gottes. So wollen wir beten:

Kyrie-Rufe Herr Jesus Christus, du bist das Licht der Welt.
V/A Herr, erbarme dich.
Herr Jesus Christus, du bist unsere Freude.
V/A Christus, erbarme dich.

Herr Jesus Christus, wir freuen uns auf das Weihnachtsfest.

V/A Herr, erbarme dich.

Gebet Guter Gott, du hast die Sterne am Himmel gemacht. Sie leuchten wunderschön und machen die dunkle Nacht hell. Als Jesus geboren wurde, war ein besonders heller Stern zu sehen. Jesus bringt Licht in unser Leben, wie ein Stern. Dafür danken wir Gott durch Jesus Christus, unseren Herrn. Amen.

Aktion Einen großen hellen Stern wollen wir jetzt entstehen lassen.

Jedes Kind kommt nach vorne und darf seinen Stern an die Flanelltafel hängen, so dass nach und nach der Stern von Betlehem zu sehen ist.

Schriftwort Sterndeuter (Mt 2,1–12)

Jesus ist in Betlehem geboren. Da kommen weise Sterndeuter aus dem Osten nach Jerusalem. Sie fragen: „Wo ist der neugeborene König? Wir haben seinen Stern gesehen.

Auf den Stern deuten.

Er hat uns hierher geführt. Wir wollen den neuen König begrüßen und ihm Geschenke bringen.“ Die Männer sehen den Stern wieder. Sie freuen sich. Der Stern führt die Männer weiter nach Betlehem. Als der Stern stehenbleibt, finden die Männer das Kind und seine Mutter Maria. „Der Stern hat uns hierher geführt!“, jubeln die Sterndeuter.

Vorleser hält die Bibel in die Höhe und spricht:

Aus dem Heiligen Buch von Jesus Christus, unserem Herrn. – Amen.

Predigt Liebe Kinder, die drei weisen Männer sind einem Stern gefolgt. Mit einem Stern zeigt ihnen Gott, wo Jesus geboren wird. Wenn wir abends in den Himmel schauen, sehen wir viele Sterne. Die Sterne erinnern uns an die Geburt Jesu. So hängen wir heute Sterne an unseren Adventskranz.

Vier Kinder bringen feierlich die Sterne für den Adventskranz nach vorne; dieser wird mit den Sternen geschmückt.

Fürbitten Guter Gott, ein Stern zeigt die Geburt deines Sohnes Jesus; ein Stern schenkt uns Hoffnung und Freude. So bitten wir dich:

- Für alle Menschen, die traurig sind: Lieber Gott, schenke ihnen einen hellen Stern.

A Schenke ihnen einen hellen Stern.

- Für alle Menschen, die krank sind: Lieber Gott, schenke ihnen einen hellen Stern.

A Schenke ihnen einen hellen Stern.

- Für alle Menschen, die einsam und allein sind: Lieber Gott, schenke ihnen einen hellen Stern.

A Schenke ihnen einen hellen Stern.

Vaterunser

Schlussgebet Lieber Gott, du hast die Sterne erschaffen. Jeder Stern zeigt uns: Du bist uns nahe, du beschützt uns. Dafür danken wir dir durch Jesus Christus, unseren Herrn. Amen.

Gemeinsames Kreuzzeichen *oder* **Kindersegnung**

PASSENDE LIEDER FÜR DEN GOTTESDIENST

- Gottes Wort ist wie Licht in der Nacht (KiGoLo, Nr. 37)
- Stern über Bethlehem (KGB, Nr. 42 und KiGoLo, Nr. 227)
- Weißt du wie viel Sternlein stehn? (KGB, Nr. 19)

WEITERE MÖGLICHE AKTIONEN FÜR DEN GOTTESDIENST

Fingerspiel

Was funkelt da am Himmel?	
Ein funkelndes Sternengewimmel!	*Finger spreizen, über den Kopf halten und zappeln lassen*
Sie leuchten hier,	*Finger nach links strecken*
sie funkeln dort	*Finger nach rechts strecken*
und am Morgen sind sie fort.	*Hände hinter dem Rücken verstecken*

http://www.kigaportal.com/de/forum/ideenforum/show/32991

WAS KINDERN BESONDERS SPASS MACHT

- Sternplätzchen ausstechen und backen
- Eine Kerze mit Sternen verzieren
- Stern-Fensterbilder basteln
- Bilderbücher zum Thema Stern lesen (z. B. Der Weihnachtsstern von Marcus Pfister)
- Fächerstern basteln: Die Kinder schneiden viele gleichgroße Sterne aus (mindestens vier). Die Sterne werden in der Mitte gefaltet. Immer zwei Hälften werden aneinander geklebt. So entsteht nach und nach ein Stern.

ENGEL BRINGEN DIE FROHE BOTSCHAFT

4. MORGENKREIS – SYMBOL: ENGEL

Vorbereitung

- Bild von einem Engel (Angelus-Szene: Verkündigung Mariens oder Don Bosco-Verlag: Bilder für das Erzähltheater) z. B. auf Folie
- Bild von einem Engel mit den Hirten
- Tageslichtprojektor o. Ä.
- Mögliche Darstellung des Evangeliums (Krippenspiel, Schattenspiel …) vorbereiten
- Vier Engel für den Adventskranz
- Dankrufe vorbereiten

Lied Wir sagen euch an, 1.–4. Strophe (GL 223)
Zur jeweiligen Strophe die entsprechende Kerze anzünden.

Anfangsrituale

Einführung Endlich brennen alle vier Kerzen am Adventskranz. Jesus ist das Licht der Welt. Er ist für uns ein großes Geschenk, das zeigen uns die Schleifen. Die Sterne bedeuten: Bald ist die Heilige Nacht. Nicht nur Lichter, Geschenke und Sterne sehen wir in diesen Wochen; überall sind auch Bilder von Engeln. Davon hören wir heute.

Ein Bild von einem Engel („Angelus-Szene“: Verkündigung Mariens) wird gezeigt (mit Projektor o. Ä.).

Vor langer Zeit brachte ein Engel Maria die Botschaft von der Geburt Jesu. Maria war voll Freude und dankte Gott für das wunderbare Geschenk.

Kyrie-Rufe Herr Jesus, Engel verkünden deine Geburt.
V/A Herr, erbarme dich.
Herr Jesus, als kleines Kind kommst du auf die Welt.
V/A Christus erbarme dich.
Herr Jesus, du zeigst uns die Liebe Gottes.
V/A Herr, erbarme dich.

Gebet Gütiger Gott, du schenkst uns dein Wort und sprichst immer wieder zu uns Menschen. Deine Botschaft macht uns froh. Dafür danken wir durch Jesus Christus, unseren Herrn. Amen.

Bild des Engels mit den Hirten zeigen.

Schriftwort Geburt Jesu (Lk 2,8–12)
Als Krippenspiel oder Schattenspiel möglich.

Es sind Hirten auf freiem Feld und passen nachts auf ihre Schafe auf. Plötzlich strahlt ein helles Licht. Ein Engel Gottes kommt zu ihnen und spricht:
„Fürchtet euch nicht, denn ich verkünde euch eine große Freude. Heute ist Jesus geboren. Er ist in Windeln gewickelt und liegt in einer Krippe."
Auf einmal sehen die Hirten am Himmel noch viele andere Engel, die miteinander einen Lobgesang für Gott anstimmen: „Ehre sei Gott in der Höhe und Friede für die Menschen auf Erden!"

Vorleser hält die Bibel in die Höhe und spricht:

Aus dem Heiligen Buch von Jesus Christus, unserem Herrn. – Amen.

Predigt Auch hier erscheint ein Engel und bringt den Hirten eine frohe Botschaft. Ja, jeder soll es wissen: Gott wird Mensch in Jesus Christus. Das feiern wir an Weihnachten zu Hause in der Familie. Daran erinnern uns die Bilder von den Engeln. Deshalb schmücken wir zuletzt unseren Adventskranz mit Engeln.

Vier Kinder bringen feierlich die Engel für den Adventskranz nach vorne; dieser wird mit den Engeln geschmückt.

Dankrufe	Guter Gott, der Advent geht nun zu Ende. Wir freuen uns auf Weihnachten und rufen dir zu:
	○ Herr, bald feiern wir die Geburt Jesu.
V/A	Wir freuen uns und danken dir.
	○ Herr, mit Jesus spüren wir deine Liebe.
V/A	Wir freuen uns und danken dir.
	○ Herr, mit Jesus bist du immer bei uns.
V/A	Wir freuen uns und danken dir.

Vaterunser

Schlussgebet Lieber Gott, Engel sind deine Boten. Sie bringen die frohe Botschaft zu den Menschen. Gib uns die Kraft, immer wieder Gutes zu tun und deine Liebe weiterzugeben. Darum bitten wir durch Jesus Christus, unseren Herrn. Amen.

Gemeinsames Kreuzzeichen *oder* **Kindersegnung**

MÖGLICHE AKTIONEN WÄHREND DES GOTTESDIENSTES

Fingerspiel

Das ist der erste Engel der bringt das Licht in den Raum.	*Daumen zeigen*
Das ist der zweite Engel der bringt den Tannenbaum.	*Zeigefinger zeigen*
Das ist der dritte Engel der bringt den Schmuck heran.	*Mittelfinger zeigen*
Das ist der vierte Engel der steckt die Kerzen an.	*Ringfinger zeigen*
Und der fünfte Engel schnell läutet mit dem Glöckchen hell.	*kleinen Finger zeigen* *(Glöckchen läuten)*

http://www.kita-turnen.de/fuenf-engel-weihnachten-im-kindergarten/

WAS KINDERN BESONDERS SPASS MACHT

- Engel basteln
- Gebastelte Engel mitbringen

AUCH ICH KANN EIN ENGEL GOTTES SEIN

(VOR-)WEIHNACHTLICHER GOTTESDIENST

Vorbereitung

- Bilder der Kinder zum Thema „Wie stellst du dir einen Engel vor?“ werden im Gottesdienstraum vor Beginn der Feier ausgestellt. Kleinere Kinder bekommen eine Vorlage zum Ausmalen.
- Spiellied: Kinder als Engel und Hirten verkleidet, grüne Tücher
- Sätze „So kannst du ein Engel sein …“ vorbereiten
- Fürbitten vorbereiten
- Engelanhänger für jedes Kind herstellen oder besorgen

Anfangsrituale

Einführung Liebe Kinder, jeder von euch hat einen Engel gemalt.

Auf die in der Kirche ausgestellten Bilder zeigen.

Viele Engel haben sogar Flügel. Anscheinend können Engel fliegen. Die Menschen sagen, sie kommen vom Himmel herunter. Ja, viele glauben, dass wir immer von guten Engeln umgeben sind, auch wenn wir sie nicht sehen. So beten wir zu Gott:

Kyrie-Rufe Herr Jesus, ein Engel kommt zu Maria. Er erzählt ihr von deiner Geburt.

V/A Herr, erbarme dich.

Herr Jesus, ein Engel kommt zu den Hirten. Er erzählt ihnen von deiner Geburt.

V/A Christus, erbarme dich.

Herr Jesus, viele Engel singen vor Freude, als du in Betlehem zur Welt kommst.

V/A Herr, erbarme dich.

Gebet Lieber Gott, wir warten auf das Weihnachtsfest. Dein Sohn Jesus wird Mensch und ist uns nahe. Wir hören von der frohen Botschaft und danken durch Jesus Christus, unseren Herrn. Amen.

Schriftwort Geburt Jesu (Lk 2,8–12)

Im Land, in dem Jesus geboren wurde, gibt es viele Hirten. In der Nacht müssen sie wach bleiben und auf ihre Schafe aufpassen.
Plötzlich erstrahlt ein helles Licht und ein Engel Gottes kommt zu ihnen. Sie fürchten sich sehr.
Der Engel aber sagt: „Fürchtet euch nicht! Ich verkünde euch eine große Freude, eine große Freude für alle Menschen. Heute ist in der Stadt Betlehem Jesus geboren, der Sohn Gottes. Er ist in Windeln gewickelt und liegt in einer Krippe."
Auf einmal sind am Himmel noch viele Engel, die miteinander singen und Gott loben: „Ehre sei Gott in der Höhe und Friede für die Menschen auf Erden!"

An dieser Stelle des Evangeliums:

Liedruf V/A Ehre sei Gott in der Höhe (s. S. 161, Refrain)

Vorleser hält die Bibel in die Höhe und spricht:

Aus dem Heiligen Buch von Jesus Christus, unserem Herrn. – Amen.

Predigt Liebe Kinder, ein Engel kommt vom Himmel und bringt eine gute Botschaft. Das wollen wir jetzt singen und spielen.

Spiellied Ehre sei Gott in der Höhe (s. S. 161, mit *Spielvorschlag*)

Einige Kinder gestalten das Spiellied „Ehre sei Gott in der Höhe" (Musik von CD „Die Lieder zu den Jesus-Geschichten – Die schönsten Bibelgeschichten für Kinder")

Botschaft Engel sprechen Gutes und tun Gutes. Wir können das auch.

Kinder tragen folgende Sätze vor:

- Einen Freund trösten, wenn er weint – so kannst du ein Engel sein.
- Lieder singen vom lieben Gott – so kannst du ein Engel sein.
- Öfter mal zu Mama oder Papa sagen: „Ich mag dich! Ich hab dich gern!" – so kannst du ein Engel sein.

Jetzt haben wir es gehört: Wenn wir Gutes tun oder sagen, bringen wir Gottes Botschaft zu den Menschen. So können wir alle ein Engel sein. Amen.

Fürbitten Guter Gott, viele Menschen brauchen einen Engel.

Kinder tragen folgende Sätze vor:

K1 Viele Kinder sind traurig und weinen. Ich kann ein Engel sein und sie trösten.

A Wir bitten dich, erhöre uns.

K2 Viele Kinder sind allein. Ich kann ein Engel sein und mit ihnen spielen.

A Wir bitten dich, erhöre uns.

K3 Viele Kinder fürchten sich. Ich kann ein Engel sein und ihnen Mut machen.

A Wir bitten dich, erhöre uns.

V Guter Gott, du hilfst uns, Gutes zu sagen und zu tun. Dafür danken wir durch Jesus Christus, unseren Herrn. Amen.

Friedensgruß Jesus sagt zu seinen Freunden: Meinen Frieden gebe ich euch. Und auch die Engel haben in Betlehem gesungen: Friede auf Erden den Menschen! Auch wir können den Frieden weitergeben und für Frieden sorgen.

Den Kindern erklären, wie der Friedensgruß gegeben wird.

Vaterunser

Schlussgebet Großer Gott, deine Engel haben von der frohen Botschaft erzählt. Du segnest uns, damit auch wir wie die Engel vielen Menschen Freude machen. Wir danken dir durch Jesus Christus, unseren Herrn. Amen.

Kindersegnung

Alle Kinder werden einzeln gesegnet und erhalten einen Engelanhänger aus buntem festerem Papier oder Goldfolie zum Umhängen. Im Kindergarten kann noch der Name des Kindes darauf geschrieben werden. Alternativ kann auch ein Reflektor-Engel für jedes Kind besorgt werden.

WAS KINDERN BESONDERS SPASS MACHT

- Engelbilder als Faltbilder mit Wasserfarben herstellen
- Windlicht mit Lochmuster gestalten (prickeln): Auf ein buntes Tonpapier werden mit Bleistift adventliche Motive vorgezeichnet. Die Kinder stechen mit einer Nadel (Prick-Nadel) entlang der aufgezeichneten Linien Löcher in das Tonpapier. Anschließend zusammenkleben, eine Kerze (evtl. in einem Glas) hineinstellen
- Engel ausstechen (EFA Plast, Salzteig, Ton o. Ä.) und bemalen (als Christbaumschmuck)
- Engelaufsteller basteln
- Engelfensterbilder basteln
- Engelgirlanden basteln

DAS WUNDER DER STROHSTERNE

WEIHNACHTLICHER GOTTESDIENST

Vorbereitung

- Im Altarraum ist überall eine Menge Stroh auf dem Boden verteilt
- Strohsterne hängen an einer Pinnwand vor blauem Hintergrund
- Futterkrippe mit Stroh und Jesuskind
- Strohtanz erlernen, je ein Bündel zusammengebundenes Stroh für jedes tanzende Kind, Platte für den gelegten Strohstern
- Musik für den Strohtanz auswählen
- Strohstern für jedes Kind
- Fürbitten vorbereiten

Anfangsrituale

Einführung Liebe Kinder, bald feiern wir das Weihnachtsfest. Es ist das Fest von Jesu Geburtstag. Viele werden sich wundern, warum hier so viel Stroh auf dem Boden liegt. Jesus wurde in einem Stall in der Stadt Betlehem geboren. Dort war auch viel Stroh auf dem Boden.
Wir rufen zu Jesus:

Kyrie-Rufe Herr Jesus, du bist auf die Welt gekommen.
V/A Herr, erbarme dich.
Herr Jesus, du liegst in einem Stall auf Stroh.
V/A Christus, erbarme dich.
Herr Jesus, du willst immer bei uns sein.
V/A Herr, erbarme dich.

Gebet Lieber Gott, die Bibel erzählt uns vom Leben Jesu: Als Baby kommt Jesus zur Welt. Er liegt in einem Stall auf Stroh. Jesus ist unser Freund, der mit dir uns nahe ist. Amen.

Schriftwort Geburt Jesu (Lk 2,1–14)

In jenen Tagen befiehlt der Kaiser Augustus, dass alle Menschen in seinem großen Reich gezählt werden sollen. Deshalb muss jeder in die Stadt gehen, in der er geboren wurde, um sich dort in eine Liste einzutragen.

Für Josef, einen Mann aus Nazaret, ist es ein weiter Weg. Er muss sich in Betlehem einschreiben lassen zusammen mit Maria, seiner Verlobten, die ein Kind erwartet.
Als sie dort sind, wird ihr Kind geboren. Es ist ein Sohn, dem sie den Namen Jesus geben. Maria wickelt ihren Sohn in Windeln und legt ihn in eine Futterkrippe in einem Stall. Sonst finden sie keinen Platz, wo sie bleiben können.

Vorleser hält die Bibel in die Höhe und spricht:

Aus dem Heiligen Buch von Jesus Christus, unserem Herrn. – Amen.

Predigt
Teil 1 Liebe Kinder, in der ganzen Welt feiern Menschen den Geburtstag von Jesus. Sein Leben fängt ganz arm an. Er kommt in einem Stall zur Welt. Weil seine Mutter kein Bett für ihn hat,

auf die Krippe deuten

legte sie ihn in eine Futterkrippe.

Stroh in die Hand nehmen und zeigen.

Auf Stroh muss er liegen. Der Bauer wirft das wertlose Stroh als Abfall in den Stall – und auf solchem Stroh liegt Jesus, der Sohn Gottes. Durch Jesus wird das billige Stroh für uns etwas Besonderes. Das zeigen uns die Kinder mit dem Strohtanz:

Kreistanz zu ruhiger Musik
Jedes Kind hat ein zusammengebundenes Strohbündel. Die Kinder stehen im Kreis.

Vier Schritte nach rechts, vier Schritte nach links, vier Schritte zur Kreismitte, Strohbündel hochhalten, zeigen und in den Kreis zurückgehen (Bewegungssequenz mehrfach durchführen).
Bei den letzten Takten der Musik werden die Bündel zu einem Stern auf einer großen Platte (Pappe) zusammengelegt. Diese Platte kann eventuell auf die Stufen vor dem Altar gelegt werden, so dass der Stern für alle sichtbar wird.

Teil 2 Seht ihr, aus diesen Strohbündeln ist etwas Besonderes geworden. Die Kinder haben aus dem billigen Stroh einen wunderbaren Stern gelegt. Dieser Strohstern zeigt, was wir an Weihnachten feiern: Jesus kommt in die Welt. So wie Stroh zu einem Stern wird, so wird jeder von uns kostbar und wertvoll. Amen.

Fürbitten Guter Gott, Jesus ist gekommen, um uns Freude zu schenken und alles Dunkle zum Strahlen zu bringen. Deshalb bitten wir:

- Viele Menschen sind ängstlich und schüchtern. Wir wünschen ihnen Mut.

A Wir bitten dich, erhöre uns.

- Viele Menschen haben sich gestritten. Wir wünschen ihnen Frieden.
- Viele Menschen sind einsam und allein. Wir wünschen ihnen Freunde.

V Darum bitten wir durch Christus, unseren Herrn. Amen.

Vaterunser

Schlussgebet Allmächtiger Gott, mit Jesus wird auch das wichtig und wertvoll, was sonst in der Welt übersehen wird. All die Strohsterne lassen uns an Jesus denken, der mit dir lebt und herrscht in alle Ewigkeit. Amen.

Gemeinsames Kreuzzeichen *oder* **Kindersegnung**

Jedes Kind erhält einen Strohstern.

PASSENDE LIEDER FÜR DEN GOTTESDIENST

- Ihr Kinderlein kommet, 2. Strophe (GL, Nr. 248)
- Stern über Bethlehem (KiGoLo, Nr. 227)

WAS KINDERN BESONDERS SPASS MACHT

- Aus Stroh weihnachtliche Bilder kleben (z. B. Stall aus Stroh kleben und die Heilige Familie malen)
- Strohsterne basteln: zwei kleine Sterne aus festem Papier ausschneiden und mit Strohhalmen als Strahlen bekleben, Aufhänger nicht vergessen, zweiten Stern (evtl. mit Heißklebepistole) gegenkleben

GOTT IST SCHIRM UND SCHUTZ

JAHRESBEGINN

Vorbereitung

- Ein Sonnenschirm mit Ständer steht aufgespannt im Altarbereich. Entsprechende Schnüre werden auf seiner Innenseite so befestigt, dass möglichst viele Fotos (oder Portraits) im Gottesdienst befestigt werden können (evtl. Schnur mit Büroklammer) (bei sehr vielen Kindern können schon vorher Bilder aufgehängt werden)
- Fingerspiel einüben
- Jedes Kind gestaltet im Vorfeld ein etwa handflächengroßes Portrait von sich. Die ausgeschnittenen „Köpfe" (oder Fotos) werden beim Gottesdienst an den Schirm geheftet
- Dunkle Wolken aus gefärbter Watte oder Filzwolle
- Folie eines Regenschirms als schützende Hand (s. Kopiervorlage)
- Projektor
- Im Altarraum und in der Kirche sind einige bunte Regenschirme aufgespannt
- Für jedes Kind als Erinnerung ein Gebetsblatt zum Ausmalen
- Fürbitten vorbereiten

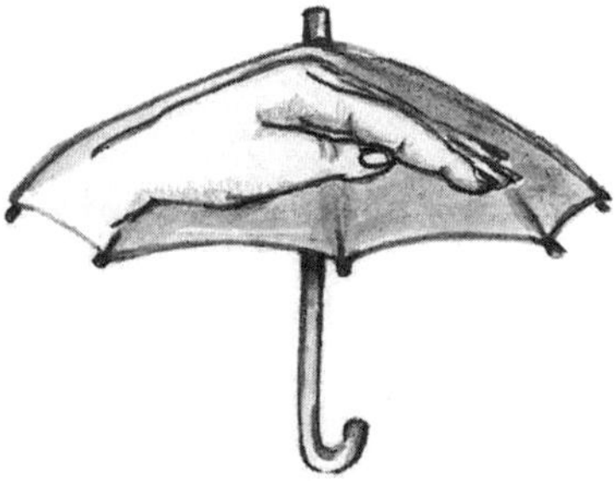

Anfangsrituale

Einführung Liebe Kinder, ein neues Jahr beginnt. Deshalb sind wir hier zusammengekommen, um Gott unsere Bitten und Wünsche für dieses Jahr vorzutragen.
Ihr habt sicher schon die vielen Schirme hier bemerkt. Ja, heute geht es um das Thema „Regen“. Da fällt uns ein Spiel ein, das Spaß macht und bei dem alle mitmachen können.

Fingerspiel Wenn's regnet …

Hand zu einer Faust ballen

Der erste sagt:
„Wenn's regnet, da werd ich ja nass!“

Daumen ausstrecken

Der zweite sagt:
„Wenn's regnet, das ist kein Spaß!“

Zeigefinger ausstrecken

Der dritte sagt:
„Wenn's regnet, da geh ich nicht raus!“

Mittelfinger ausstrecken

Der vierte sagt:
„Wenn's regnet, da bleib ich zu Haus'!“

Ringfinger ausstrecken

Nur der Kleine, der kann es nicht erwarten:

kleinen Finger ausstrecken

Der geht mit dem Regenschirm in den Kindergarten.

mit der anderen Hand einen Schirm über dem kleinen Finger andeuten.

(https://www.heilpaedagogik-info.de/fingerspiele/finger-fuesse/49-wenns-regnet.html)

L Eine Hand kann also wie ein Schirm sein.

Hier könnte man zur Verdeutlichung die Zeichnung an eine Wand oder Leinwand projizieren.

L Ein Schirm ist etwas Wichtiges. Wenn es regnet, schützt er uns vor dem Wasser.

Evtl. Bezug nehmen auf Wetter draußen.

Wenn also dunkle Wolken uns Regen ankündigen, ist es gut, einen Schirm mitzunehmen.
Dunkle Wolken bedeuten oft nichts Gutes. Auch im kommenden Jahr brauchen wir Schutz und Hilfe.
Deshalb rufen wir zu Jesus Christus, unserem Freund und Herrn:

Kyrie-Rufe *Die Kyrie-Rufe werden von Erzieherinnen gelesen. Nach dem Kyrie-Ruf wird jeweils eine dunkle Wolke auf den Sonnenschirm gelegt. Durch Bilder/Symbole kann die Bedeutung der Wolken nahegelegt werden.*

Herr Jesus, Krankheiten sind wie schwarze Wolken, weil sie unser Leben dunkel machen.
V/A Herr, erbarme dich.
Herr Jesus, wenn ich geschimpft werde, ziehen schwarze Wolken auf, und unser Leben wird dunkel.
V/A Christus, erbarme dich.
Herr Jesus, auch Streit und Raufereien sind solche schwarzen Wolken, die unser Leben dunkel machen.
V/A Herr, erbarme dich.

Gebet Guter Gott, wir freuen uns auf das neue Jahr. Vieles werden wir lernen, vieles macht Spaß. Doch es wird nicht immer die Sonne scheinen. Vieles wird uns auch schwerfallen und Sorgen machen. Begleite uns in diesem Jahr durch Jesus Christus, unseren Herrn. Amen.

Schriftwort Jesus segnet die Kinder (Mk 10,13–16)

Überall erzählt Jesus von Gott. Viele Menschen kommen und wollen Jesus hören. Sogar Kinder sind dabei. Die Kinder wollen zu Jesus gehen.
Als die Jünger das sehen, wollen sie die Kinder wegschicken.
Sie schimpfen: „Lasst Jesus in Ruhe! Jesus hat keine Zeit für Kinder! Kinder sind klein! Kinder sind laut! Kinder stören!"
Da sind die Kinder sehr traurig. Sie wollen doch zu Jesus.
Jesus aber hat alles gesehen. Er steht auf und sagt: „Lasst die Kinder zu mir kommen; hindert sie nicht daran!"
Schnell laufen die Kinder zu Jesus hin.
Jesus nimmt die Kinder in seine Arme. Er spricht mit ihnen und lacht mit ihnen.
Er legt ihnen die Hände auf und segnet sie. Für jedes Kind hat er ein freundliches Wort.

Vorleser hält die Bibel in die Höhe und spricht:

Aus dem Heiligen Buch von Jesus Christus, unserem Herrn. – Amen.

Predigt Liebe Kinder, Gott kennt uns und er sieht auch unsere Ängste und Sorgen. Gott lässt uns nicht allein. Deshalb schickt er uns Menschen, die uns beschützen: Eltern, Erzieherinnen und Freunde.
Unter diesem Schirm, der wie eine segnende Hand ausgebreitet ist, haben wir alle Platz. Darum dürft ihr jetzt euer Bild unter diesem Schirm befestigen. Dann kann jeder sehen: Gott ist auch in diesem Jahr unser Schirm und Schutz.
Und mehr noch: Wir können es auch spüren. Wenn uns die Eltern, Erzieherinnen oder der Pfarrer die Hände auf den Kopf legen, spüren wir wie die Kinder bei Jesus: Gott ist unser Schirm und Schutz.

Die Kinder kommen nach vorne und hängen ihr Bild mit Hilfe der Erzieherin in das Gestänge des Schirms; je nach

Größe des Kindergartens macht es Sinn, dass jede Gruppe einen eigenen Schirm hat. Der Schirm kann dann mit in den Kindergarten genommen werden.

Zum Abschluss werden die Kinder einzeln mit Handauflegung gesegnet.

Fürbitten Guter Gott, du kennst uns und siehst auch die dunklen Wolken in unserem Leben.

- Wir spielen gerne im Kindergarten.

V/A Herr Jesus, beschütze uns!

- Die Erwachsenen brauchen viel Geduld!
- Wir danken für den Kindergarten.

V Darum bitten wir durch Jesus Christus, unseren Herrn. Amen.

Vaterunser

Schlussgebet Großer Gott, schau freundlich auf uns herab und hilf uns. Du passt auf uns auf. Wie ein Dach beschützt du uns. Dafür danken wir durch Jesus Christus, unseren Herrn. Amen.

Gemeinsames Kreuzzeichen

Jedes Kind erhält folgendes Gebetsblatt zum Mitnehmen:
Schirmgebet nach Psalm 31

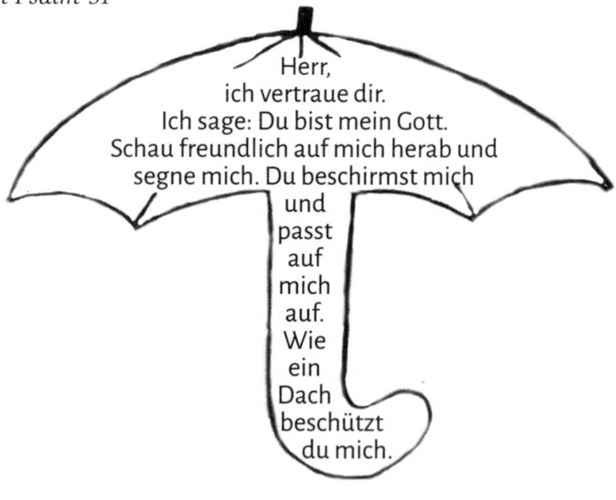

PASSENDE LIEDER FÜR DEN GOTTESDIENST

- Geh mit Gott (KGB, Nr. 214)
- Gott, dein guter Segen (KGB, Nr. 220)
- Halte zur mir, guter Gott (KGB, Nr. 8)
- Ich wünsch dir Freundinnen und Freunde (KGB, Nr. 118)
- Kindermutmachlied (KGB, Nr. 150)
- Gottes Liebe ist so wunderbar (KGB, Nr. 146)

WAS KINDERN BESONDERS SPASS MACHT

- Eisschirmchen gestalten: Vorlage kopieren, ausschneiden, in der Mitte ein kleines Loch hineinschneiden für die Schirmspitze, am Strich entlang einschneiden und auf ein Eisschirmchen kleben

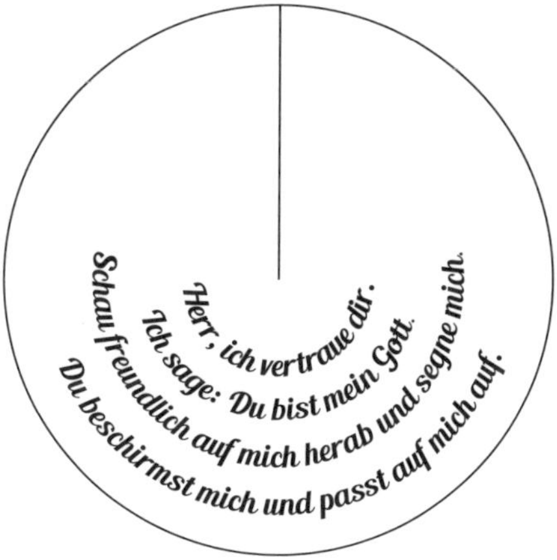

DER ALTE SIMEON FREUT SICH

DARSTELLUNG DES HERRN/MARIÄ LICHTMESS

Vorbereitung

- Drei Kerzen für die Kyrie-Rufe
- Kyrie-Rufe vorbereiten
- Folie vom Bild „Simeon und das Jesuskind“, Rembrandt, 1669
- Tageslichtprojektor
- Jede Gruppe gestaltet im Vorfeld eine (neue) Gebetskerze, die vor dem Altar aufgestellt wird
- Weihwasser zur Kerzensegnung
- Fürbitten vorbereiten

Anfangsrituale

Einführung Liebe Kinder, immer, wenn wir miteinander feiern und beten, zünden wir Kerzen an. Licht macht Freude. Wir brauchen es sogar zum Leben. Jede Pflanze, jedes Tier und jeder Mensch braucht Licht zum Leben. Aber es gibt nicht nur Freude, es gibt auch Dunkelheit. Wir hören drei Beispiele:

Kyrie-Rufe

K1 Dunkel ist es, wenn ich mit meinen Freunden streite.

Erwachsener *gibt dem Kind eine Kerze und spricht:*

Herr, erbarme dich.

A Herr, erbarme dich.

K2 Dunkel ist es, wenn ich geschimpft werde.

Erwachsener *gibt dem Kind eine Kerze und spricht:*

Christus, erbarme dich.

A Christus, erbarme dich.

K3	Dunkel ist es, wenn ich ausgelacht werde.
Erwachsener	*gibt dem Kind eine Kerze und spricht:*
	Herr, erbarme dich.
A	Herr, erbarme dich.

Gebet Guter Vater, du schenkst uns dein Wort. Dein Wort macht unser Leben hell. Dafür danken wir durch Jesus Christus, unseren Herrn.

Schriftwort Das Zeugnis des Simeon und der Hanna über Jesus (Lk 2,21–40)

1. Bildteil wird aufgedeckt: das Gesicht des Simeon

Simeon ist ein alter Mann. Er ist fromm. Jeden Tag geht er in den Tempel. Jeden Tag betet er. Jeden Tag spricht er zu Gott: „Guter Gott, viele Menschen sind in Not und leiden. Wir hoffen, dass du jemanden schickst, der helfen kann. Ich bin schon alt, aber du hast mir versprochen, dass ich diesen Menschen noch erleben darf. Ich warte geduldig."

2. Bildteil wird aufgedeckt: Gesicht der Hanna

Auch Hanna geht jeden Tag in den Tempel. Sie ist schon sehr alt. Jeden Tag betet sie: „Guter Gott, oft ist es in dieser Welt dunkel und traurig. Die Menschen hoffen auf dein Licht."
In dieser Zeit bringen Maria und Josef ihr kleines Kind zum Tempel. Sie wollen Gott für die Geburt danken. Als Simeon Jesus sieht, nimmt er das Kind in seine Arme und lobt Gott.

Das ganze Bild wird aufgedeckt, Jesus wird sichtbar.

Er spricht: „Nun endlich darf ich erleben, worauf ich so lange gewartet habe. Ich darf Jesus sehen! Dieses Kind ist das Licht, das für alle Menschen leuchtet. Gelobt sei Gott!"
Auch Hanna lobt Gott und spricht: „Jesus, du bist das Licht für uns!"

Vorleser hält die Bibel in die Höhe und spricht:

Aus dem Heiligen Buch von Jesus Christus, unserem Herrn. – Amen.

Predigt Simeon und Hanna erkennen: Jesus ist das Licht der Welt. Auch uns bringt Jesus Freude und Licht. Ihr habt Kerzen gebracht, viele sind bunt und schön verziert. Diese wollen wir nun segnen und anzünden.

Kerzensegnung Lasset uns beten: Gott, du bist das wahre Licht, das die Welt hell macht. Segne diese Kerzen + und damit alle, die gerne beten und singen. Darum bitten wir durch Jesus Christus, unseren Herrn. Amen.

Nach der Segnung werden die Kerzen angezündet, dazu singen alle ein Lied vom Licht, z. B. „Ich bringe dir ein Licht", von Franz Kett, „Gott, dein guter Segen", 2. Strophe (KGB, Nr. 220), „Mache dich auf und werde Licht" (KGB, Nr. 24), „Ein Licht geht uns auf" (KGB, Nr. 25).

Fürbitten Lieber Gott, viele Menschen warten auf dein Licht. Wir beten für sie:

K1 Wir beten für alle kranken Menschen. Schenke dein Licht.

A Schenke dein Licht.

K2 Wir beten für alle traurigen Menschen. Schenke dein Licht.

K3 Wir beten für alle einsamen Menschen. Schenke dein Licht.

L Denn du, o Herr, wirst allen Menschen dein Licht schenken durch Jesus Christus, unseren Herrn. Amen.

Vaterunser

Schlussgebet Lieber Gott, mit Jesus hast du unser Leben hell gemacht. Seine Botschaft schenkt uns Freude und Kraft. So dürfen auch wir in dieser Welt ein Licht sein und vielen Menschen Freude machen. Dafür danken wir durch Jesus Christus, unseren Herrn. Amen.

Auftrag Liebe Kinder, jetzt dürft ihr eure gesegneten Kerzen mit in den Kindergarten nehmen. Sie sollen immer brennen, wenn ihr zu Gott betet. Die Kerze wird euch an Jesus erinnern.

Gemeinsames Kreuzzeichen *oder* **Kindersegnung**

Im Anschluss an die Feier kann bereits an diesem Tag der Blasius-Segen gespendet werden.

GOTTES SEGEN WIRD SPÜRBAR

BLASIUSSEGEN

Vorbemerkung
Am Gedenktag des heiligen Blasius (3. Februar) ist es in der katholischen Kirche vielerorts Brauch, den Einzelsegen auf die Fürbitte des Heiligen zu spenden. Während des Segens werden vom Segensspender zwei gekreuzte brennende Kerzen vor den Christen gehalten, um die Heilswirkung Jesu Christi als Licht der Welt zu veranschaulichen. Dieser Ritus ist sehr beliebt bei Erwachsenen und besonders auch bei Kindern, weil hier die Zuwendung Gottes sinnenhaft wahrnehmbar wird. Diese Symbolhandlung kann auch sehr gut im Kindergarten vollzogen werden, z. B. im Rahmen einer kleinen Andacht. Diese Feier bietet eine Gelegenheit, einen Priester oder Diakon einzuladen. Falls dies nicht möglich ist, kann der Segen auch von einem anderen Erwachsenen in würdiger Form erteilt werden, wobei dann besser auf den priesterlichen Segensgestus verzichtet wird. Stattdessen ist eine Handauflegung auf Schulter oder Kopf sinnvoll. Wenn kein Priester anwesend sein kann, sollte die Kindergartenleitung segnen.

Vorbereitung
- Flanelltafel
- Bild des heiligen Blasius (z. B. www.heiligenlegenden.de)
- Medizinische Dinge oder Bilder davon, z. B. Pflaster, Verband, Fieberthermometer, Hustensaft …
- Zwei lange Kerzen und ein Band zum Zusammenbinden der Kerzen
- Oder: einen Blasiuskerzenhalter aus der Kirche ausleihen
- Unterlage für den Boden (Teppichstück o. Ä.), um Verunreinigungen durch tropfendes Wachs zu vermeiden.
- Fürbitten vorbereiten

Anfangsrituale

Einleitung *Flanelltafel mit dem Bild des heiligen Blasius.*

L Liebe Kinder, heute ist der Tag des heiligen Blasius. Blasius war Bischof und Arzt. Er heilte viele Menschen und segnete sie. Wir suchen nun Bilder und Gegenstände, die wir brauchen, wenn wir krank sind: Pflaster, Verband, Fieberthermometer, Medizin …

Kinder bringen die Gegenstände/Bilder nach vorne und befestigen sie an der Flanelltafel. Es folgen kurze Kommentare zu den Gegenständen.

Blasius konnte mit Gottes Hilfe viele Kranke heilen. So rufen auch wir zu Jesus Christus:

Kyrie-Rufe Herr Jesus, du segnest die Menschen.
V/A Herr, erbarme dich.
Herr Jesus, du heilst die Kranken.
V/A Christus, erbarme dich.
Herr Jesus, du begleitest auch uns.
V/A Herr, erbarme dich.

Gebet Gütiger Gott, der heilige Blasius hat deine Liebe weitergegeben. Er half den Kranken, wieder gesund zu werden. Auch wir wollen Gutes tun. Stärke uns durch dein Wort, darum bitten wir durch Jesus Christus, unseren Herrn. Amen.

Schriftwort Heilung der Kranken (Mk 6,53–56)

Jesus und seine Freunde reisen durch das ganze Land, um den Menschen von Gott zu erzählen. Sobald die Menschen hören, dass Jesus kommt, bringen sie ihre Kranken zu ihm. Sogar mit Tragen bringen sie die Kranken zu Jesus. Er soll sie gesund machen. Jesus spricht mit den Kranken, er legt ihnen die Hände auf und segnet sie. Und alle Kranken, die Jesus berühren, werden gesund.

Vorleser hält die Bibel in die Höhe und spricht:

Aus dem Heiligen Buch von Jesus Christus, unserem Herrn. – Amen.

Predigt Jesus macht die Kranken gesund. Er redet mit ihnen. Und er segnet sie. So spüren sie: Gott ist nahe. Auch der heilige Blasius segnete die Menschen. Er ging zu den Armen und Kranken, zu den Einsamen und Vergessenen. Für diese Menschen wollen wir beten:

Fürbitten
V/A
- Wir denken an alle Menschen, die krank sind.

Herr, segne sie!
- Wir denken an alle Menschen, um die sich niemand kümmert.
- Wir denken an alle Menschen, die arm sind und Hilfe brauchen.

L Guter Gott, wir alle stehen unter deinem Schutz und Segen durch Jesus Christus, unseren Herrn. Amen.

Vaterunser

Schlussgebet Gott Vater im Himmel, dein Sohn Jesus ist unser Heiland. Er heilt uns, wenn wir krank sind. Immer wieder macht er uns gesund, wenn wir verwundet sind. Mit Bischof Blasius loben wir dich und wir danken dir für Jesus Christus, unseren Herrn. Amen.

Segen *Der Segensspender hält die gekreuzten Kerzen und spricht zu jedem Kind:*
N., du sollst gesund bleiben. Auf die Fürbitte des heiligen Blasius segne dich Gott, der Vater und der Sohn und der Heilige Geist. Amen.

PASSENDE LIEDER FÜR DEN GOTTESDIENST

- Geh mit Gottes Segen (KGB, Nr. 214)
- Gott, dein guter Segen (KGB, Nr. 220, KiGoLo, Nr. 148)
- Nun segne und behüte uns (KGB, Nr. 218)
- Segne uns, Gott (KiGoLo, Nr. 146)
- So geh mit Gottes Segen (KiGoLo, Nr. 155)
- Viele kleine Leute an vielen kleinen Orten (KGB, Nr. 215)

FASCHING UND FASTENZEIT

GOTT LIEBT UNS – MIT UNSEREN WÜNSCHEN UND TRÄUMEN

FASCHINGSGOTTESDIENST

Vorbemerkung

Die Kinder erleben im Kindergarten unterschiedliche Zeiten des Jahres. Neben dem Kirchenjahr sind auch weltliche Feiern willkommen. Wir können die Faschingszeit auch mit einer Botschaft Gottes und Gebeten verbinden. Da sich Kinder gerne verkleiden, zeigen sich in der Maskerade auch ihre Wünsche und Sehnsüchte. Die Botschaft wäre für diesen Gottesdienst: Gott liebt uns mit unseren Wünschen und Träumen.

Vorbereitung

- Eine große Leiter
- Kinder verkleidet als Prinzessin, Cowboy, Fee, Polizist, Katze, Superman, Gespenst, Clown
- „Vorstellung" der verkleideten Kinder vorbereiten
- Gebetsrufe der verkleideten Kinder vorbereiten
- Gegenstände für die Gebetsrufe, z. B. Superman-T-Shirt, Krone, Cowboyhut
- Träume und Wünsche der Kinder auf eine Wolke schreiben oder malen lassen

Anfangsrituale

Einführung	Liebe Kinder, viele Menschen lieben die Faschingszeit. Sie verkleiden sich und singen lustige Lieder. Wir stellen jetzt verkleidete Kinder vor.
Prinzessin	Ich bin eine Prinzessin. Ich bin wunderschön und alle bewundern mich.
Cowboy	Ich bin ein Cowboy. Ich mache gern Krach, sodass alle staunen.

Fee Ich bin eine Fee. Ich bin nicht nur schön, sondern kann auch zaubern.

Polizist Ich bin ein Polizist. Ich sperre die bösen Menschen ein. Alle schauen auf mich, wenn ich komme.

Katze Ich bin eine Katze. Alle wollen mich streicheln.

Supermann Ich bin ein Supermann. Ich bin superstark und kann fliegen.

Gespenst Ich bin ein Gespenst. Alle erschrecken vor mir. Aber ich bin eigentlich ein liebes Gespenst.

Clown Ich bin ein Clown. Ich kann so manchen Blödsinn machen. Wenn ich komme, lachen alle Menschen.

Lied Lustig ist die Faschingszeit (s. S. 165)

Gebet *Die Kinder legen je einen passenden Gegenstand vor der Leiter auf den Boden (z. B. Superman-T-Shirt, Krone, Cowboy-Hut).*

L Auch verkleidet können wir zu Gott sprechen. Gott versteht unsere Wünsche. Er erlaubt uns zu träumen. Deshalb beten wir:

Supermann Guter Gott, du schenkst uns Kraft. Mit dir wird das Leben leicht.

Prinzessin Guter Gott, alle Menschen hast du wunderschön gemacht. Jeder Mensch ist für dich Prinz oder Prinzessin.

Cowboy Guter Gott, du schaust auf uns alle. Jeder Mensch wird von dir beachtet.

Überleitung zum Schriftwort

Aus dem heiligen Buch hören wir von den Erlebnissen heiliger Menschen. Wir wollen immer mehr davon erfahren, wie wunderbar Gott die Welt erschaffen hat und wie groß seine Liebe ist.

Schriftwort Jakobs Traum (Gen 28,12–15)

Es wird in der Bibel von einem frommen Mann erzählt. Er hieß Jakob und hatte einen wunderbaren Traum:
Er sah eine Leiter, die auf der Erde stand und bis zum Himmel reichte. Auf dieser Leiter gingen Engel Gottes auf und nieder. Und ganz oben stand Gott und sprach zu Jakob:
„Ich bin dein Gott und schenke dir viel Land zum Leben. Ich werde dir viele Kinder schenken. Eine große Familie wirst du haben und viele Menschen werden dadurch sehr glücklich. Ich bin mit dir. Ich behüte dich, wohin du auch gehst. Ich verlasse dich nie."
Da erwachte Jakob und spürte ganz deutlich:
Mein Traum wird in Erfüllung gehen.

Vorleser hält die Bibel in die Höhe und spricht:

Aus dem Heiligen Buch von Gott. – Amen.

Predigt Dieser Jakob hat wunderbar geträumt. Er träumt von einer großen Familie. Er träumt von einem weiten Land mit viel Platz, und er träumt von der Liebe zwischen Gott und den Menschen. Deshalb sieht er im Traum eine Leiter zwischen Himmel und Erde. Jakob spürt, dass Gott seine Träume wahrmacht, und das macht ihn stark und groß.
Gott will aber auch unsere Träume und Wünsche erfüllen. Deshalb hängen wir unsere Wünsche und Bitten an unsere Himmelsleiter.

Die Kinder kommen nach vorne und befestigen ihre Träume (Bilder oder Text auf Wolken) mithilfe der Erwachsenen an der Leiter.

Vaterunser

Schlussgebet Lieber Gott, wenn wir beten, ist es, als wenn wir die Leiter zum Himmel besteigen. Du bist mit uns verbunden. Du erfüllst gerne unsere Wünsche und Träume. Wir danken dir für diese große Freundschaft in Jesus Christus, unserem Herrn. Amen.

Kindersegnung

PASSENDE LIEDER FÜR DEN GOTTESDIENST

- Das wünsch ich sehr (KiGoLo, Nr. 289)
- Eine Leiter führt zum Himmelsrand (KiGoLo, NR. 263)
- Ich wünsche dir Freundinnen und Freunde (KGB, NR. 118)
- Wie groß ist Gottes Liebe (KiGoLo, Nr. 299)
- Wünsche schicken wir wie Sterne (KiGoLo, Nr. 156)

WAS KINDERN BESONDERS SPASS MACHT

- Schatzkiste mit Wünschen für die Zukunft erstellen
- Schatzkiste mit Wünschen für die Schulanfänger erstellen und am letzten Kindergartentag überreichen oder gemeinsam auspacken
- „Wunschwürfel" basteln: Dazu eine Blanko-Vorlage eines Würfels für jedes Kind kopieren und auf jede Fläche einen Wunsch malen oder schreiben lassen (z. B. Ball spielen, singen, tanzen, Musik hören, malen, basteln). Der Wunschwürfel kann auch themenbezogen und/oder individuell gebastelt werden (Mutter- oder Vatertag, Advent …)
- „Wunschbaum" basteln: Ein kahler Zweig wird in eine Vase gestellt. Jedes Kind darf einen Wunsch (z. B. singen, tanzen, Geschichte vorlesen, verstecken spielen) auf eine bunte Blume oder ein Blatt schreiben oder malen. Diese werden in einer (Schatz-) Kiste aufbewahrt. Jeden Tag wird nun ein Wunsch gezogen, erfüllt und dann am Zweig befestigt. So wird der Zweig jeden Tag etwas bunter und schöner

DIE FASTENZEIT BEGINNT

ASCHERMITTWOCH

Vorbemerkung

Diese Feier kann auch als Erinnerung an den Aschermittwoch Tage später gefeiert werden, wenn der Beginn der Fastenzeit auf Ferientage fällt.
Der Gottesdienst sollte in der Kirche beginnen. Zum Verbrennen der Symbole gehen alle ins Freie.
Vorher ein vorbereitendes Gespräch mit den Kinder führen: Was ist Asche? Wie entsteht Asche? Asche ansehen, anfassen.

Vorbereitung

- Brennbare Luftschlangen, Faschingsmasken aus Papier, Zweige vom Christbaum, Palmzweige vom Vorjahr sammeln
- Großes feuerfestes Gefäß oder Behältnis zum Verbrennen der Symbole bereitstellen
- Feuerzeug oder Streichhölzer
- Plakate zur Lesung oder Folien (pflanzen, ernten, krank sein, gesund sein, weinen, lachen, umarmen, winken, schweigen, reden, fasten, feiern)
- Oder: Uhr mit Bild- und Wortkarten auf einer Flanelltafel (s. Vorlage S. 95)
- Sätze für das Verbrennen der Erinnerungssymbole vorbereiten
- Spezielle Asche für Aschenkreuzauflegung

Anfangsrituale

Einführung Liebe Kinder, gestern (bzw. letzte Woche) war noch Fasching. Ihr habt euch verkleidet und viel Spaß gehabt. Vom Fasching habt ihr heute noch Reste mitgebracht.

Kinder halten Luftschlagen und Faschingsmasken in die Höhe.

Diese wollen wir später verbrennen, denn der Fasching ist vorbei. Mit dem Aschermittwoch beginnt für uns eine neue Zeit, die Fastenzeit. Sie führt uns zum Osterfest.

Kyrie-Rufe Herr Jesus, du schenkst Freude.
V/A Herr, erbarme dich.
Herr Jesus, du schenkst Ruhe.
V/A Christus, erbarme dich.
Herr Jesus, wir freuen uns auf das Osterfest.
V/A Herr, erbarme dich.

Gebet Guter Gott, du schenkst uns die Zeit und du schenkst uns deine Liebe. Durch dein Wort glauben wir, dass du immer bei uns bist. Wir danken dir durch Jesus Christus, unseren Herrn. Amen.

Schriftwort Koh 3,1–8
Die Lesung kann unterstützt werden durch Plakate, die von den Kindern im Vorfeld gestaltet wurden oder durch Bilder auf Folien.
Oder: Flanelltafel mit einem großen Bild einer Uhr; ergänzend zur Lesung wird statt der Ziffern jeweils ein Bild mit einer Wortkarte aufgehängt. Hier kann man sehr kreativ werden.

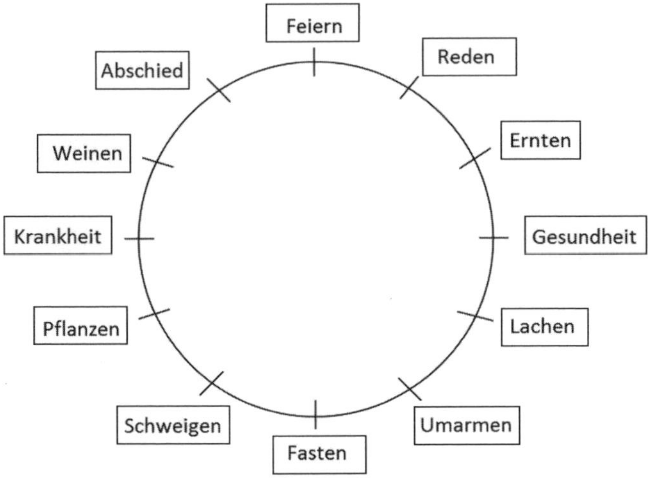

Für alles im Leben gibt es eine bestimmte Zeit:
eine Zeit zum Schweigen und eine Zeit zum Reden,
eine Zeit zum Pflanzen und eine Zeit zum Ernten,
eine Zeit der Krankheit und eine Zeit der Gesundheit,
eine Zeit zum Weinen und eine Zeit zum Lachen,
eine Zeit der Umarmung und eine Zeit des Abschieds,
eine Zeit zum Feiern und eine Zeit zum Fasten.

Vorleser hält die Bibel in die Höhe und spricht:

Aus dem Heiligen Buch von Gott! – Amen.

Verbrennung der Erinnerungssymbole

Alle gehen ins Freie

Liebe Kinder, Gott schenkt uns eine neue Zeit. Mit dem Aschermittwoch beginnt die Fastenzeit. Der Fasching ist endgültig vorbei. Was uns daran erinnert, können wir jetzt verbrennen.

Kinder bringen Erinnerungssymbole an vergangene Feste und sprechen:

- Ich habe Palmzweige vom letzten Jahr mitgebracht. Ein Jahr ist vorbei. Wir freuen uns aufs Osterfest.
- Ich habe einen Tannenzweig vom Christbaum mitgebracht. Weihnachten ist vorbei. Wir freuen uns aufs Osterfest.
- Ich habe Luftschlangen vom Fasching dabei. Der Fasching ist vorbei. Wir freuen uns aufs Osterfest.
- Ich habe hier Faschingsmasken. Der Fasching ist vorbei. Wir freuen uns aufs Osterfest.

Die Gegenstände werden angezündet und verbrannt. Die Asche könnte symbolhaft der Aschermittwochsasche der Kirche (bessere Konsistenz!) beigemischt werden.

Vaterunser

Weihe der Asche als Schlussgebet

Allmächtiger, großer Gott, die Fastenzeit beginnt. Wir warten auf das Osterfest. Wir wollen uns vorbereiten auf Ostern, das Fest der größten Freude.
Segne diese Asche + im Namen des Vaters und des Sohnes und des Heiligen Geistes. Die Asche erinnert uns: Alles vergeht, aber die Liebe Gottes bleibt. Dafür danken wir durch Jesus Christus, unseren Herrn. Amen.

Lied Himmel und Erde müssen vergehn (s. S. 164)

Einzelsegen *Jedes Kind erhält den Einzelsegen mit dem Aschenkreuz. Dabei legt der Segenspender seine rechte Hand auf den Kopf des Kindes und zeichnet ihm mit dem Daumen ein Kreuz auf die Stirn. Er spricht zum Kind:*

Der Fasching ist vorbei. Wir freuen uns aufs Osterfest!

oder

Alles geht vorbei. Die Liebe Gottes bleibt!

Für Erwachsene gilt der Segenssatz:

Bedenke, Mensch, dass du Staub bist und zu Staub zurückkehren wirst!

DU BIST MEIN GELIEBTES KIND

GOTTESDIENST ZU BEGINN DER FASTENZEIT

Vorbemerkung

Dieser Gottesdienst sollte zwischen Aschermittwoch und dem 2. Fastensonntag gefeiert werden und hat das Ziel, dass die Kinder eine Zeitraum-Vorstellung von der Fastenzeit erlernen und daher die Freude auf das Osterfest entstehen kann. Für diesen Zweck gibt es mehrere Ideen oder Projekte, die den Fortschritt der Fastenzeit bildlich darstellen. Bewährt haben sich als Projekt: Treppe mit sieben Stufen, Leiter mit sieben Sprossen, Regenbogen mit sieben Farben o. Ä. Vom 1. Fastensonntag bis Ostern werden immer sieben Stationen (Sprossen, Stufen …) benötigt.

Beim folgenden Gottesdiensten sprechen wir vom Wandern und Bergsteigen. Wir machen uns mit sieben Haltestationen auf den Weg zum Osterfest (siehe Grafik S. 99). Das Bild kann im Gottesdienst am Boden dargestellt werden. Auch dreidimensional mit Pappmaschee könnte vorher ein Berg künstlerisch angefertigt werden. Die dritte Möglichkeit ist eine Grafik an einer Flanelltafel. Unterstützend erhält jede Familie eine Grafik, auf der die Figur täglich wie bei einem Adventskalender einen Schritt nach vorne geht. Jedes Familienmitglied erhält eine Figur. Die Figuren sind vorstellbar in unterschiedlichen Größen: Mensch-ärgere-dich-nicht-Figur, Playmobil®, Lego® …

Vorbereitung

- Berg vorbereiten entweder a) als Grafik stark vergrößert auf dem Boden mit einer großen Spielfigur als Anzeiger (s. S. 99), oder b) dreidimensional aus Pappmaschee mit einem Weg, der sich nach oben schlängelt und eine große Figur als Anzeiger, oder c) die Grafik vergrößert auf einer Flanelltafel und ein bunter Punkt als Anzeiger (Wahlweise können die vergangenen Felder auf der Grafik auch durchgestrichen oder ausgemalt werden.)
- Grafik für jedes Kind, um zu Hause in den Familien den Weg mitzugehen
- Fürbitten vorbereiten

MEIN WEG DURCH DIE FASTENZEIT

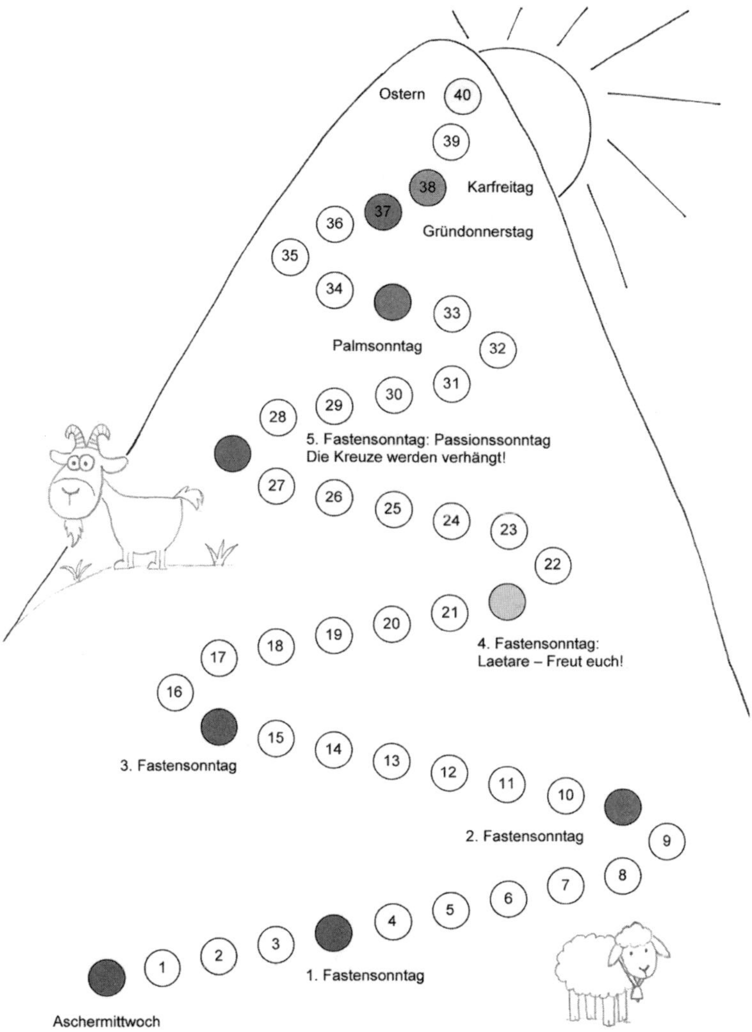

Anfangsrituale

Einführung Liebe Kinder, wir stehen in einer besonderen Zeit: Weihnachten ist vorbei, Fasching ist vorbei und wir warten auf das große Osterfest. Wir wollen aber nicht nur warten. Wir machen uns auf den Weg, wandern und steigen auf unseren großen Osterberg.
Wir beten und sprechen zu Jesus:

Kyrie-Rufe Herr Jesus, du schenkst uns die Fastenzeit. Wir machen uns auf den Weg.
V/A Herr, erbarme dich.
Herr Jesus, du begleitest uns auf unserem Weg.
V/A Christus, erbarme dich.
Herr Jesus, wir freuen uns aufs Osterfest.
V/A Herr, erbarme dich.

Gebet Guter Gott, du schenkst uns, was wir brauchen: Essen, Trinken und viele Freunde. Für uns bist du immer da, im Kindergarten und zu Hause. Dafür danken wir durch Jesus Christus, unseren Herrn. Amen.

Schriftwort Verklärung Jesu (Mt 17,1–9)

Jesus und seine drei besten Freunde steigen auf einen hohen Berg. Dort leuchtet sein weißes Gewand und der Himmel öffnet sich. Gottes Stimme sagt: „Jesus ist mein geliebter Sohn. Er gefällt mir!"
Petrus und die anderen Freunde fürchten sich. Das Licht ist so hell und die Stimme kommt aus dem Himmel. Da berührt sie Jesus. Er sagt: „Fürchtet euch nicht! Für Gott, den Vater, seid ihr wie seine Kinder."

Vorleser hält die Bibel in die Höhe und spricht:

Aus dem Heiligen Buch von Jesus Christus, unserem Herrn. – Amen.

Predigt Liebe Kinder, das ist eine richtige Wundergeschichte. Gott spricht zu Jesus. Gott spricht zu uns: Du bist mein Kind (Sohn/Tochter). Du gefällst mir. Die

Freunde von Jesus haben Angst. Aber Jesus berührt sie. Deshalb wird auch bei uns nach diesem Gottesdienst jeder von euch auf dem Weg zum Osterfest gestärkt mit den Worten: „Du bist mein geliebtes Kind (Sohn/Tochter). Du gefällst mir. Im Namen des Vaters und des Sohnes und des Heiligen Geistes."
Vorher wollen wir für die Menschen beten, die uns wichtig sind:

Fürbitten
V/A

- Wir beten für Mama und Papa.
Begleite sie auf ihrem Weg.
- Wir beten für Oma und Opa.
- Wir beten für alle Geschwister.
- Wir beten für alle Freunde.

Vaterunser

Schlussgebet Guter Vater im Himmel, du liebst alle Menschen. Du begleitest uns auf unserem Weg hin zum großen Osterfest. Du segnest und stärkst uns. Du schenkst uns Freunde auf unserem Weg. Darum danken wir durch Jesus Christus, unseren Herrn. Amen.

Kindersegnung *Jedes Kind wird einzeln vom Pfarrer oder anderen Persönlichkeiten gesegnet mit den Worten: „Du bist mein geliebtes Kind (Sohn/Tochter). Du gefällst mir. Im Namen des Vaters und des Sohnes und des Heiligen Geistes."*

Jedes Kind bekommt eine Kopie der Grafik (s. S. 99), um zu Hause in der Familie den Weg mitzugehen.

LIEDER ZUR FASTENZEIT

- Du bist da, wo Menschen leben (Detlev Jöcker) (KGB, Nr. 147 und KiGoLo, Nr. 60)
- Eines Tages kam einer (KGB, Nr. 45 und KiGoLo, Nr. 306)
- Gottes guter Segen (KiGoLo, Nr. 150)
- Gottes Wort ist wie Licht in der Nacht (KiGoLo, Nr. 51)
- Guter Gott, du hast gegeben (Franz Kett)
- Ich lobe meinen Gott (KGB, Nr. 161 und KiGoLo, Nr. 127)

PROJEKT „FASTENSTUFEN“

Vorbemerkung

Für den 1. Gottesdienst haben wir eine Treppe mit sieben Stufen gebastelt, und diese Treppe erreicht die Höhe eines Tisches. Sie kann aber auch an eine Wand gelehnt werden. In jeder Woche wird ein Symbol erarbeitet und die damit verbundene Botschaft kreativ auf der jeweils nächsten Stufe dargestellt. Wiederum wird damit eine Vorstellung der Fastenzeit sinnenhaft für die Kinder vermittelt. Am besten wäre es, wenn man bereits ein Foto von der fertigen Treppe bis Ostern anfertigen könnte. Auf DinA4-Größe kann man jeweils den entsprechenden Stufenstreifen an die Kinder wöchentlich mit nach Hause geben. So können die Familien zuhause das Fastenprojekt mitfeiern.

Vorbereitung

- Eine Treppe mit 7 Stufen aus Styropor (Baumarkt)
- Evtl. Foto von der fertigen Treppe, vergrößert auf Din A4
- Sieben Stufenstreifen für jedes Kind

WÜSTE

1. FASTENSTUFE – SYMBOL: SAND

Thema Jesus war 40 Tage in der Wüste. Dort gibt es Sand und Steine.

Vorbereitung
- Stein für jedes Kind
- Schüssel mit Sand
- Weitere Symbole für Wüste

Anfangsrituale

Einführung Liebe Kinder, wir stehen am Anfang der Fastenzeit. Sie dauert 40 Tage, weil Jesus 40 Tage lang in der Wüste war. Das wollen wir uns vorstellen: In einer Wüste gibt es kein Wasser und kein Leben. Deshalb ist es oft sehr still.

Stilleübung Wir sitzen ruhig da und hören auf die Klangschale, wie sie verklingt. Wer ganz ruhig sein kann, bekommt einen Stein in die Hand.

Die Klangschale wird angeschlagen. Jedes Kind bekommt einen Stein in die Hand gelegt.

Befühle deinen Stein ganz genau mit den Händen. Wenn du magst, kannst du auch die Augen schließen. Ist dein Stein glatt oder eher rau? Schau dir deinen Stein ganz genau an. Welche Farbe hat er? Spüre, wie dein Stein in deinen Händen langsam warm wird.

In die Stille hinein wird folgendes Gebet gesprochen:

Gebet Lieber Gott, wenn ich ruhig werde, höre ich viele Geräusche. Sie verraten mir, was draußen geschieht. Ich will öfter ruhig werden und allein mit meinen Ohren die Welt entdecken, mit Jesus Christus, unserem Herrn. Amen.

Schriftwort Die Versuchung Jesu (Mt 4,1–11)

Jesus will beten. Er geht in die Wüste. Dort ist es sehr heiß. Es gibt kein Leben in der Wüste, keine Tiere und keine Pflanzen. Jesus ist ganz alleine. In der Wüste ist es still, sehr still. Kein Laut ist zu hören. In der Wüste kann man gut beten und nachdenken. Jesus könnte so gebetet haben: „Lieber Vater im Himmel, zeige mir, was wichtig ist im Leben. Zu verbotenen Dingen will ich Nein sagen. Zu guten Dingen will ich Ja sagen. So erkenne ich, was dir gefällt. Amen."

Vorleser hält die Bibel in die Höhe und spricht:

Aus dem Heiligen Buch von Jesus Christus, unserem Herrn. – Amen.

Predigt *(Bemerkung: Es scheint nicht sinnvoll, die unterschiedlichen Versuchungen Jesu durch den Teufel im Evangelium zum Thema zu machen, vielmehr ist es zielführend, mit den Kindern über Ver- und Gebote im Alltag zu sprechen.)*

Wenn du deinen Stein die ganze Zeit in der Hand hattest, ist er jetzt schon richtig warm geworden. Die Steine in der Wüste sind noch viel heißer, als unsere Steine. Du darfst jetzt deinen Stein nach vorne bringen und ihn auf die erste Stufe unserer Fastentreppe legen.

Die Kinder kommen nach vorne und legen ihren Stein auf die unterste Stufe.

Vaterunser

Schlussgebet Lieber Vater im Himmel, zeige mir, was wichtig ist im Leben. Zu verbotenen Dingen will ich Nein sagen. Zu guten Dingen will ich Ja sagen. So erkenne ich, was dir gefällt. Amen.

Gemeinsames Kreuzzeichen *oder* **Kindersegnung**

Eine Schüssel mit Sand und evtl. andere Wüstensymbole werden auf die erste Stufe zu den Steinen gestellt.

PROJEKTIDEEN

- Sand bewusst wahrnehmen (anfassen, barfuß durchgehen, Sandbilder malen …)
- „Wüstengerichte“ (z. B. Couscous kochen, Fladenbrot backen, Datteln essen, Hummus herstellen und essen, Minztee trinken)
- Regeln des Kindergartens evtl. wiederholen

TAUFE

2. FASTENSTUFE – SYMBOL: WASSER

Thema Jesus wurde von Johannes im Jordan getauft, durch die Taufe gehören wir zu Jesus.

Nach den Erfahrungen der Wüste setzen wir das Element Wasser als Zeichen des Lebens. Wasser erinnert immer an die Taufe. Wir beschäftigen uns mit Wasser (fühlen, waschen, trinken …) und beschließen die kleine Andacht mit dem Segnen mit Weihwasser (Weihwasser entweder von der Kirche holen oder vor dem Wasser miteinander beten und dieses als Weihwasser benutzen).

Vorbereitung
- Durchsichtige Schüssel
- Handtuch
- Evtl. Taufkanne
- Wenn möglich Tauffotos der Kinder
- Karaffe oder Krug mit Wasser

Anfangsrituale

Einführung Liebe Kinder, heute erreichen wir die zweite Stufe. Eine ganze Woche ist vergangen. Wir erinnern uns heute, wann unsere Freundschaft mit Jesus begonnen hat. Bei der Taufe ist das geschehen. Zur Erinnerung haben wir Bilder gesammelt. Damals wurden wir mit Taufwasser begossen. Das Wasser ist wichtig zum Leben. Wir spielen gerne mit Wasser. Wir trinken Wasser. Täglich waschen wir unsere Hände damit.

Individuelle Beschäftigung mit dem Symbol Wasser (vgl. Projektideen S. 108), die schließlich mit einem Gebet endet:

Gebet Guter Gott, bei der Erschaffung der Welt hast du den Menschen viel Wasser geschenkt. Gerne spielen wir damit und waschen uns. Besonders gesund ist es, wenn wir reines Wasser trinken. Mit Wasser sind wir getauft worden und gehören seitdem zu deinen Freunden. Wir danken dir dafür. Amen.

Schriftwort Die Taufe Jesu (Mk 1,9–11)

Viele Menschen lassen sich von Johannes dem Täufer taufen. Auch Jesus will sich taufen lassen. Als Johannes Jesus tauft, öffnet sich der Himmel und Gott Vater spricht: „Jesus ist mein geliebter Sohn. Er gefällt mir!“

Vorleser hält die Bibel in die Höhe und spricht:

Aus dem Heiligen Buch von Jesus Christus, unserem Herrn. – Amen.

Erklärung Liebe Kinder, das muss aber ein besonderes Erlebnis bei der Taufe Jesu gewesen sein: Der Himmel geht auf und Gott spricht: „Jesus ist mein geliebter Sohn. Er gefällt mir!“

Wir glauben, dass Gott auch bei unserer Taufe diesen Satz der Liebe gesprochen hat. Deshalb wirst du am Schluss gesegnet: „N., du bist Gottes geliebte Tochter/Gottes geliebter Sohn. Du gefällst mir.“

Vaterunser

Schlussgebet Guter Gott, auch bei unserer Taufe hast du zu uns Worte der Liebe gesprochen. Wasser soll uns erinnern: Du bist ein Gott der Liebe und des Lebens. Wir danken dir durch Jesus Christus, unseren Herrn. Amen.

Kindersegnung
Zur Erinnerung bekommt jedes Kind wie bei seiner Taufe ein Kreuzzeichen auf die Stirn. Mit Weihwasser kann man feierlich den Satz aussprechen: „N., du bist Gottes geliebte/r Tochter/Sohn. Du gefällst uns!“
Eine Karaffe oder ein Krug mit Wasser wird auf die zweite Stufe gestellt.

PROJEKTIDEE

Ganzheitliche Erfahrungen mit Wasser in seinen unterschiedlichen Formen unter Berücksichtigung der verschiedenen Sinne:

- Wasser hören: Wassergeräusche hören, selbst erstellen und aufnehmen und eine Klangcollage erstellen, Wassergeschichten hören
- Wasser fühlen: Wasserzustände heiß – warm – lauwarm – kalt – gefroren; wir waschen uns
- Wasser schmecken/riechen: verschiedene Getränke probieren
- Wasser sehen: Wo gibt es Wasser in meinem Leben? In welcher Form kommt Wasser in der Natur vor?
- Wassermandala gestalten, Fantasiereise, Wasserbild mit Naturmaterialien gestalten
- Anbahnen des Bewusstwerdens, dass Wasser Leben schenkt; Rose von Jericho, eine Pflanze mit und ohne Wasser betrachten
- Erstellen eines Wasserbuchs

WACHSEN

3. FASTENSTUFE – SYMBOL: SAMEN

Thema Gott lässt alles wachsen.

Vorbereitung

- Sack mit Samenkörnern
- Samenkorn für jedes Kind
- Zur Darstellung des Schriftwortes: Getreide, gelbe und braune Tücher, Vögel, Steine, Dornen (Gestrüpp), Getreidehalme
- Schale mit Körnern oder Schale mit angepflanzten Samen

Anfangsrituale

Einführung Heute sind wir schon auf der dritten Stufe. Das Osterfest rückt immer näher. Mit dem Frühling erwacht die Natur von Neuem, und viele Pflanzen beginnen zu wachsen. Deshalb haben wir wieder eine Geschichte aus der Bibel und viele Samenkörner mitgebracht. Jeder bekommt jetzt so ein kleines Korn in die Hand gelegt. Pass gut auf, dass du es nicht verlierst.

Phantasievoll kann man mit den Erlebnissen und Erfahrungen der Kinder ein Gespräch führen, bis schließlich alles Denken und Reden in ein Gebet mündet:

Gebet Lieber Gott, ich halte ein winzig kleines Samenkorn in meiner Hand. In der Erde wird es wachsen und eine große Pflanze werden. Das kleine Körnchen ist ein großes Wunder. Lass auch mich wachsen und groß werden, damit ich in dieser Welt Gutes tun kann, mit Jesus Christus, unserem Herrn. Amen.

Schriftwort Das Gleichnis vom Sämann (Mt 13,1–8)

Eines Tages sitzt Jesus am Ufer eines Sees.
Viele Menschen kommen zu ihm.
Jesus erzählt eine Geschichte. Er spricht:
„Ein Bauer geht aufs Feld, um Getreide zu säen.
Als er sät, fallen Körner auf den Weg.

Erzähler streut Getreide auf den Weg/die gelben Tücher.

Die Vögel kommen und fressen sie auf.

Vögel werden zum Weg gestellt.

Körner fallen auf Steine. Dort gibt es keine Erde.

Erzähler streut Getreide auf die Steine.

Die Körner können nicht wachsen.
Körner fallen auch in die Dornen.

Erzähler streut Getreide in die Dornen.

Und die Körner können wieder nicht wachsen.
Körner fallen aber auch auf guten Boden.

Erzähler streut Körner auf den guten Boden/die braunen Tücher.

Diese Körner gehen auf und wachsen in die Höhe.

Bild von Getreidehalmen bzw. Vase mit Getreide wird hinter die braunen Tücher gestellt.

Erst sind sie winzig klein, und dann werden sie größer und größer."

Vorleser hält die Bibel in die Höhe und spricht:

Aus dem Heiligen Buch von Jesus Christus, unserem Herrn. – Amen.

Erklärung Im guten Boden gehen die Samenkörner auf. Wir brauchen zum Wachsen gute Freunde, ein Zuhause, Mama, Papa, Essen und Trinken. Und so beten wir zu Gott:

Vaterunser

Schlussgebet Lieber Gott, du lässt vieles wachsen. Kleine Samenkörner werden zu Pflanzen in guter Erde. Auch wir wollen wachsen. Deshalb schenk uns alles zum Leben, was wir brauchen, damit wir groß und stark werden. Amen.

Gemeinsames Kreuzzeichen *oder* **Kindersegnung**

Eine Schale mit Körnern und/oder eine Schale mit angepflanzten Samen wird/werden auf die dritte Stufe gestellt.

PROJEKTIDEEN

- Besprechen: Was braucht eine Pflanze, damit sie wachsen kann? (Erde, Wasser/Regen, Sonne ...) (Fingerspiel s. S. 18f. – Predigt)
- Beobachten: Aus einem winzig kleinen Samenkorn, das wie tot aussieht, erwächst neues, zum Teil riesengroßes Leben (z. B. Apfelkern – Apfelbaum)
- Kresse anpflanzen, beobachten wie die Samen keimen (gelingt gut, wenn man die Kresse auf Küchenpapier sät), Kresse ernten und essen
- Frühlingscollage erstellen: Veränderungen in der Natur bewusst wahrnehmen, Fotos von den ersten Blumen und Knospen machen
- Zweige in eine Vase stellen und Veränderungen beobachten, die Zweige können später mit österlichen Symbolen geschmückt werden

FREUDE

4. FASTENSTUFE – SYMBOL: BLUME

Thema Schöpfungsgeschichte Gen 1,1–13 – Gott hat die ganze Welt wunderbar erschaffen.

Vorbereitung
- Jesus-Rufe vorbereiten
- Primeln in den Farben blau, gelb und rot
- Je eine Wunschblume in jeder Gruppe basteln und mit (nicht-materiellen) Wünschen der Kinder gestalten
- Eine große, flache Glasschale für jede Wunschblume
- Evtl. meditative Musik
- Wunschblume für jedes Kind

Anleitung für die Wunschblume
Auf ein (farbiges) Papier Din A3 einen großen Kreis zeichnen und ausschneiden (Foto 1). Den Kreis dreimal zusammenfalten, bis ein (geachteltes) Kuchenstück entsteht. Auf das Kuchenstück ein Blütenblatt zeichnen (Foto 2) und die überflüssigen Ecken abscheiden (Foto 3 und 4). Dann die Innenseite mit den Kindern gestalten und anschließend die Blütenblätter zur Mitte falten (Foto 5). Wenn die Blume jetzt in eine Schale mit Wasser gelegt wird, gehen die Blütenblätter wieder auf. Die Blume erblüht.

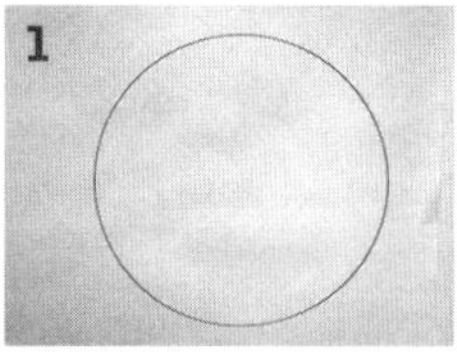

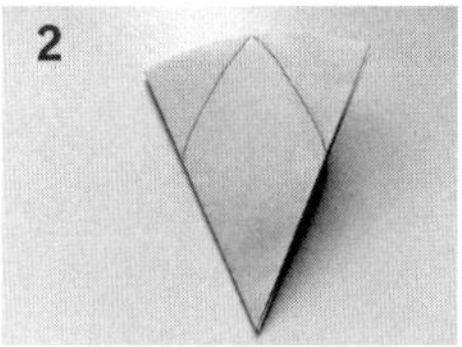

Anfangsrituale

Einführung Liebe Kinder, wir warten auf den Frühling. Wenn der Schnee weg ist, wachsen die ersten Blumen schon aus dem Boden. Da gibt es Schneeglöckchen, Krokusse, und viele sehen Primeln und Narzissen in ihrem Garten. Blumen lassen hoffen, dass bald die Natur zu neuem Leben erwacht.

Jesus-Rufe Wir grüßen Jesus und bringen bunte Blumen auf die vierte Stufe.

Drei Primeltöpfe werden bei den Jesus-Rufen auf die vierte Stufe gebracht.

Blaue Primel Herr Jesus, du schenkst uns das Leben.
V/A Jesus, wir danken dir.

Gelbe Primel Herr Jesus, du schenkst uns Kraft mit jedem Sonnenstrahl.
V/A Jesus, wir danken dir.

Rote Primel Herr Jesus, du schenkst uns viele Freunde.
V/A Jesus, wir danken dir.

Gebet Gott Vater im Himmel, du hast die Welt wunderbar erschaffen. Wir hören von den Wundern dieser Welt und danken dir mit Jesus Christus, unserem Herrn. Amen.

Schriftwort Die Erschaffung der Welt (Gen 1,1–13)

Im Anfang erschuf Gott Himmel und Erde. Aber alles war noch dunkel und leer.
Gott sprach: „Es werde Licht!“ Und es wurde Licht. Gott nannte das Licht Tag und die Finsternis nannte er Nacht.
Gott sah, dass es gut war. Das war der erste Tag.
Dann sprach Gott: „Ein Himmel soll entstehen.“ Und es wurde ein Himmelsdach.
Gott sah, dass der Himmel gut war. Das war der zweite Tag.

Dann sprach Gott: „Wasser und Erde sollen sich trennen!“ Das Trockene nannte Gott Land und das Wasser nannte er Meer. Er sah, dass es gut war.
Dann sprach Gott: „Pflanzen sollen wachsen auf der Erde: Gras, Bäume und Früchte mit Samen. Und wunderschöne bunte Blumen sollen blühen.“ So geschah es. Gott sah, dass es gut war. Das war der dritte Tag.

Vorleser hält die Bibel in die Höhe und spricht:

Aus dem Heiligen Buch von Jesus Christus, unserem Herrn. – Amen.

Meditation Viele haben zuhause noch keine echten Blumen im Garten. Deshalb haben wir Wunschblumen gebastelt. Die lassen wir jetzt schwimmen und freuen uns, wenn sie aufgehen.

Wunschblumen ins Wasser legen und beobachten, wie sie aufgehen. Dazu evtl. leise meditative Musik.

Vaterunser

Schlussgebet Lieber Gott, du hast die Erde wunderbar erschaffen. Viele Blumen erblühen zur Frühlingszeit. Auch wir erblühen, wenn wir lächeln und den Menschen Freude bereiten. Schenk uns jeden Tag diese Freude am Leben, durch Jesus Christus, unseren Herrn. Amen.

Gemeinsames Kreuzzeichen *oder* **Kindersegnung**

Jedes Kind bekommt eine kleine Wunschblume mit nach Hause.

PROJEKTIDEEN

- Blumen mit allen Sinnen wahrnehmen
- Blumen anpflanzen, „Ostergarten“ auf der Fensterbank anlegen
- Jedes Kind gestaltet (aus einem Joghurtbecher) einen kleinen Blumentopf, für den es sich eine Blume aussuchen darf
- Frühlingsbilder malen
- Blumen aus Papier falten
- Frühlingslieder singen

NAHRUNG

5. FASTENSTUFE – SYMBOL: BROT

Thema Jesus sättigt die Fünftausend.

Vorbereitung

- Korb mit Brot und ein Tuch zum Zudecken
- Evtl. Bilder von der Entstehung eines Brotes (Bauer, Müller, Bäcker)
- Brot für jede Gruppe

Anfangsrituale

Einführung Liebe Kinder, heute sind wir schon auf der fünften Stufe. Wir können die Tage bis Ostern schon zählen. Heute habe ich ein besonders wertvolles Geschenk mitgebracht. Es ist sogar noch warm. Ein Tuch liegt darüber. Wir können daran riechen. Vielleicht finden wir heraus, was da wohl drinnen ist. Du darfst aber noch nicht aufdecken.

Der verdeckte Brotkorb wird behutsam und wertschätzend weitergereicht und jeder darf daran riechen.

Ihr habt es bestimmt schon erraten: Köstlich duftendes Brot ist immer ein Geschenk Gottes. Der Bauer erntet das Korn, der Müller reibt die Körner zu Mehl und der Bäcker backt gutes Brot daraus.

Unterstützend zu den einzelnen Entstehungsstationen können Bilder gezeigt werden.

Gebet Lieber Gott, du hast uns wunderbar erschaffen. Du schenkst uns immer wieder etwas zum Essen und zum Trinken. Du sorgst für uns, dafür danken wir durch Jesus Christus, unseren Herrn. Amen.

Schriftwort Die Speisung der Fünftausend (Lk 9,11–17)

Viele, viele Menschen folgen Jesus. Jesus erzählt ihnen von Gott. Die Menschen hören ihm lange zu.
Es wird Abend. Immer noch hören die Menschen zu.
Die Freunde sagen zu Jesus: „Jesus, die Menschen haben Hunger. Sie haben nichts zu essen. Schick die Menschen weg, damit sie sich etwas zum Essen kaufen."
Da spricht Jesus: „Gebt ihr ihnen zu essen!"
Die Freunde antworten: „Wir haben aber nur fünf Brote und zwei Fische! Das reicht nicht! Es sind so viele Menschen, die Hunger haben."
Doch Jesus nimmt das Brot, dankt Gott, bricht es und gibt es den Freunden mit den Worten: „Teilt es mit den anderen. Nehmt und esst!"
Sie teilen, und alle werden satt! Es bleibt sogar noch Brot übrig.
Die Menschen staunen: Mit so wenig Brot werden so viele satt! Sie haben sogar mehr als sie brauchen!

Vorleser hält die Bibel in die Höhe und spricht:

Aus dem Heiligen Buch von Jesus Christus, unserem Herrn. – Amen.

Vaterunser

Schlussgebet Guter Gott, unser tägliches Brot gib uns heute, damit wir groß und stark werden. Mit deinem Segen werden wir erwachsen und dafür danken wir. Amen.

Gemeinsames Kreuzzeichen *oder* **Kindersegnung**

Auf die fünfte Stufe wird das Brot gelegt und evtl. die Bilder von der Entstehung des Brotes.
Brot in der Gruppe teilen und essen.

PROJEKTIDEEN

- Brot mit vielen Sinnen wahrnehmen: riechen, schmecken, sehen, (warmes Brot) fühlen, essen
- Brot oder Semmeln backen
- Getreide mit einem Stößel „mahlen“ und zum Brotteig dazugeben
- Verschiedene Sorten Körner probieren und damit die selbstgebackenen Semmeln bestreuen
- Versuchen, verschiedene Sorten Brot mit verbundenen Augen am Geschmack zu erkennen (z. B. Toast, Breze, Vollkornbrot, Knäckebrot, Semmel)
- Brotaufstriche und Butter selbst herstellen
- Bäckerei besichtigen

PALMSONNTAG

6. FASTENSTUFE – SYMBOLE: PALMZWEIG UND KRONE

Thema Jesus kommt nach Jerusalem. Die Menschen feiern ihn als König.

Vorbereitung

- Liedruf: Jesus soll unser König sein! Hosianna, Amen (Franz Kett, in: Religionspädagogische Praxis 1/1986, S. 18)
- Figuren (Bibelfiguren oder Playmobil®): Jesus, Menschen, Esel
- Braune Tücher für den Weg, kleine (Puppen-)Kleidungsstücke oder bunte Tücher
- Palmzweige
- Palmzweig für jedes Kind

Anfangsrituale

Einführung Liebe Kinder, bald ist das große Osterfest. Viele Wochen sind vergangen, und schon bald feiern wir die Auferstehung von Jesus. Vor seinem Leiden kommt er nach Jerusalem. Er reitet auf einem Esel und viele Menschen winken mit Palmzweigen. Sie jubeln und rufen: „Jesus soll unser König sein! Hosianna! Amen.

Liedruf „Jesus soll unser König sein, Hosianna! Amen."

Gebet Guter Gott, viele Menschen haben sich gefreut, weil Jesus bei ihnen war. Sie haben ihm zugejubelt und sich gewünscht: „Jesus soll unser König sein". Auch wir wollen Jesus feiern und uns am Leben freuen. Amen.

Schriftwort Der Einzug in Jerusalem (Mt 21,1–11)

Jesus kommt mit seinen Freunden nach Jerusalem. Er reitet auf einem Esel. Die Menschen sind ganz aufgeregt. „Jesus kommt! Jesus kommt!“, rufen sie, als sie Jesus entdecken. Die Leute rennen auf die Straße. Alle wollen Jesus sehen. Sie haben doch schon so viel von ihm gehört. Jetzt wollen sie ihn begrüßen. Die Menschen freuen sich. Sie sehen Jesus auf dem Esel. Sie reißen Zweige von den Palmen am Straßenrand ab und winken Jesus damit zu. Viele breiten ihre Kleider als Teppich auf der Straße aus. Sie rufen laut: „Jesus soll unser König sein! Hosianna, Amen!“

Liedruf „Jesus soll unser König sein, Hosianna! Amen.“

Vorleser hält die Bibel in die Höhe und spricht:

Aus dem Heiligen Buch von Jesus Christus, unserem Herrn. – Amen.

Szenische Darstellung mit Bibelfiguren

Figuren werden jeweils gezeigt und auf die Stufe gestellt.

Diese Geschichte wollen wir heute nachspielen und auf die sechste Stufe stellen. Wir brauchen dafür: Jesus und die Menschen auf dem Weg. Und natürlich einen Esel – Jesus liebt Esel. Schon bei seiner Geburt war ein Esel im Stall mit dabei. Esel sind fleißig und klein. Sie tragen oft schwere Lasten.

Außerdem brauchen wir einen Weg zur Stadt,

Weg wird mit braunen Tüchern gelegt.

Kleider, die die Menschen auf die Straße legen

Kleine (Puppen-)Kleidungsstücke oder bunte Tücher werden auf den Weg gelegt.

und natürlich Palmen, mit denen die Menschen winken.

Palmen werden neben den Weg gelegt.

Sie rufen: Jesus soll unser König sein! Hosianna! Amen.

(Liedruf muss immer wieder in Erinnerung gebracht werden.)

Anschließend kann mit den Figuren die Bibelgeschichte nachgespielt werden. Dazu sollten die Sprechmotetten und der Liedruf gesungen werden.

Königsmotette *Jeder Satzanfang wird von allen mit dem Liedruf „Jesus soll unser König sein! Hosianna, Amen!" ergänzt.*

- ○ Die Frauen in Jerusalem rufen ...
- ○ Die Männer in Jerusalem rufen ...
- ○ Die Kinder rufen ...
- ○ Die alten Menschen in Jerusalem rufen ...
- ○ Die Traurigen rufen ...
- ○ Die Kranken rufen ...
- ○ Die Blinden rufen ...
- ○ Die Einsamen rufen ...
- ○ Die Zerstrittenen rufen ...
- ○ Die Suchenden rufen ...
- ○ Auch wir Kinder rufen ...

Freundschaftsmotette

○ Jesus ist der König des Friedens.

A Er ist unser Freund!

○ Jesus ist der König der Liebe.

○ Jesus ist der König der Barmherzigkeit.

○ Jesus ist der König der Armen.

○ Jesus ist der König der Suchenden.

○ Jesus ist der König der Traurigen.

○ Jesus ist der König des Lebens.

○ Jesus ist der König der Wahrheit.

○ Jesus ist der König des Lichts.

○ Jesus ist der König unseres Herzens.

Vaterunser

Zur Erinnerung werden vorbereitete Palmzweige an die Kinder verteilt und mit einem Gebet versehen.

Schlussgebet Lieber Gott, mit Palmzweige haben die Menschen Jesus begrüßt. Segne + diese Palmen/Palmbüschel. Sie sollen uns erinnern an deine Liebe zu uns, durch Jesus Christus, unseren Herrn. Amen.

Gemeinsames Kreuzzeichen *oder* **Kindersegnung**

PROJEKTIDEEN

- Palmzweige, Palmbuschen und Fähnchen gestalten
- Plakate mit Kronen für die Palmprozession herstellen
- Wenn möglich einen Esel besuchen
- Eselbilder malen

AUFERSTEHUNG

7. FASTENSTUFE – SYMBOL: KERZE

Thema Jesus ist an Ostern auferstanden, Jesus macht das Leben hell.

Diese Andacht sollte erst nach Ostern gefeiert werden.

Vorbereitung

- Eltern sollten aufgefordert werden, ihrem Kind ein schwarzes Tuch oder einen schwarzen Schal mitzugeben. Im Kindergarten sollten zusätzlich mehrere schwarze Tücher bereitgestellt werden.
- Zwei Kerzen für das Schriftwort
- Ein Glas mit einem Teelicht für jedes Kind
- Osterkerze
- Danksätze einüben

Anfangsrituale

Einführung Liebe Kinder, 40 Tage haben wir gewartet, jetzt ist endlich Ostern. Wir feiern 50 Tage lang Ostern bis zum Pfingstfest. Wir erinnern uns, dass Jesus am Kreuz gestorben ist und dass der tote Jesus in ein Grab gelegt worden ist. Die Freunde von Jesus waren sehr traurig. So traurig, dass für sie alles Dunkel wurde. Deshalb wollen auch wir diesen Raum verdunkeln.

Lichter werden ausgemacht und der Raum wenn möglich verdunkelt.

Jeder legt sein schwarzes Tuch auf die Schultern oder auf den Kopf.

Einfühltext Wir erinnern uns an die traurigen Frauen und die ängstlichen Freunde. Sie denken: „Jesus ist tot. Er kommt nie wieder. Die Welt ist dunkel geworden." Und alle Gesichter werden traurig.

Gebet Guter Gott, manchmal ist es dunkel und wir haben Angst und Sorge. Schenke uns dein Licht und verwandle unser Leben in helle Freude. Wir danken dir durch Jesus Christus, unseren Herrn. Amen.

Schriftwort Die Botschaft des Engels am leeren Grab (Lk 24,1–9)

Nachdem Jesus gestorben war, machen sich drei Frauen auf den Weg zu seinem Grab.
Sie sind sehr traurig und können es noch immer nicht verstehen, dass Jesus sterben musste.
Früh am Morgen kommen sie zum Grab, gerade als die Sonne aufgeht. Das Grab ist in einer Höhle und der Eingang ist mit einem großen Stein verschlossen. Sie fragen sich: „Wer wird uns den Stein vom Eingang des Grabes wegrollen?" Doch als sie hinblicken, sehen sie: Das Grab ist schon offen! Der Stein ist weg! Sie gehen in das Grab hinein und sehen einen jungen Mann sitzen mit einem weißen Gewand. Da erschrecken sie sehr.
Er aber sagt zu ihnen: „Erschreckt nicht! Ihr sucht Jesus. Er ist nicht hier! Er lebt! Er ist wirklich auferstanden! Erzählt es seinen Freunden und allen Menschen: Jesus ist wirklich auferstanden! Er lebt!"

Eine Kerze anzünden.

Vorleser hält die Bibel in die Höhe und spricht:

Aus dem Heiligen Buch von Jesus Christus, unserem Herrn. – Amen.

Danksätze *Jeder bekommt ein Glas mit einem Teelicht und kann seinen Schal der Traurigkeit ablegen. Jeder darf sein Teelicht zur großen Osterkerze bringen, so dass ein Lichtermeer der Osterfreude entsteht. Zu jedem angezündeten Teelicht können Danksätze gesprochen werden:*

Danke für …
- Mama
- Papa
- Geschwister
- Freunde
- Oma
- Opa
- Kerzen
- …

Vaterunser

Schlussgebet Lieber Gott, du verwandelst alles zum Guten. Aus der Dunkelheit strahlt dein österliches Licht. Wir danken für das Leben und die Freude im Kindergarten. Segne und beschütze uns. Amen.

Gemeinsames Kreuzzeichen *oder* **Kindersegnung**

Osterkerze und brennende Teelichter werden auf die siebte Stufe gestellt.

PROJEKTIDEEN

- Osterkerze für jedes Kind basteln (mit Wachsplättchen, Wachsstiften …)
- Große Gruppenkerze gestalten, z. B. mit den Anfangsbuchstaben jedes Kindes
- „Ostereierkerzenhalter“ basteln: eine halbe Eierschale bemalen, dann ein Teelicht hineinsetzen
- Butterbrottüten verzieren, dann mit einem Motivstanzer österliche Symbole ausstanzen oder österliche Symbole aufzeichnen und mit einer Prick-Nadel Löcher machen; Marmeladenglas mit einer Kerze hineinstellen

OSTERN UND PFINGSTEN

LIEDER FÜR ALLE OSTERGOTTESDIENSTE

- Der Herr ist auferstanden (KGB, Nr. 68)
- Er ist erstanden, Halleluja (KGB, Nr. 66)
- Freut euch alle, Jesus lebt (KiGoLo, Nr. 243)
- Frohe Ostern, von Rolf Zuckowski
- Halleluja, es ist Ostern, von Gertrud Lorenz
- Halleluja, lasst uns singen (GL, Nr. 790)
- Heute läuten alle Glocken (KiGoLo, Nr. 239)
- Lass die Glocken hell erklingen (KiGoLo, Nr. 240)
- Oster-Mutmach-Lied (KiGoLo, NR. 241)
- Osterlied (KiGoLo, Nr. 245)
- Zu Ostern in Jerusalem (1. Strophe) (KiGoLo, Nr. 248)

JESUS MACHT UNSER LEBEN HELL

SYMBOL: OSTERKERZE

Vorbereitung

- Mit den Kindern eine Osterkerze mit einem Kreuz gestalten
- Fünf Teelichter in Glasgefäßen für den Tanz
- Tanz vorbereiten
- Musik für den Tanz auswählen
- Drei Kerzen in Glasgefäßen für die Fürbitten
- Fürbitten vorbereiten
- Für jede Gruppe: ein verziertes Glas mit Teelicht und der Aufschrift „Jesus lebt!" oder eine große Osterkerze mit Aufschrift
- Ein Teelicht für jedes Kind

Anfangsrituale

Einführung Liebe Kinder, wir feiern Ostern. Überall sehen wir Dinge, die mit Ostern zu tun haben: Ostereier, Osterhasen und Ostersträuße. Das Besondere an unserem Ostergottesdienst ist unsere Osterkerze. Wir haben sie selbst gemacht und verziert. Sie zeigt: Jesus ist das Licht der Welt.

Kyrie-Rufe Auf der Kerze sehen wir ein Kreuz. Herr Jesus, du bist für uns am Kreuz gestorben.

V/A Herr, erbarme dich.

Herr Jesus, sie haben dich ins Grab gelegt.

V/A Christus, erbarme dich.

Herr Jesus, wir zünden die Kerze an. Heute feiern wir deine Auferstehung.

V/A Herr, erbarme dich.

Die Osterkerze mit dem Kreuz wird angezündet.

Gloria Wir können feiern, denn Jesus ist auferstanden und vieles im Leben wird gut. So singen wir vor Freude unserem Gott.

Glorialied z. B. Gloria, Ehre sei Gott (Refrain) (KiGoLo, Nr. 30), Ehre sei dir, unserm Gott (KiGoLo, Nr. 31), Gloria, Gott, dich wolln wir ehren (KiGoLo, Nr. 34), Ehre sei Gott (KGB, Nr. 199)

Gebet Guter Gott, dein Sohn Jesus hat alle Traurigkeit und Dunkelheit besiegt. Er ist auferstanden und lebt mitten unter uns. Er ist das Licht der Welt. Wir freuen uns durch Jesus Christus, unseren Herrn. Amen.

Schriftwort Die Botschaft des Engels am leeren Grab (Lk 24,1–9)

Nachdem Jesus gestorben war, machen sich drei Frauen auf den Weg zu seinem Grab.
Sie sind sehr traurig und können es noch immer nicht verstehen, dass Jesus sterben musste.
Früh am Morgen kommen sie zum Grab, gerade als die Sonne aufgeht. Das Grab ist in einer Höhle und der Eingang ist mit einem großen Stein verschlossen. Sie fragen sich: „Wer wird uns den Stein vom Eingang des Grabes wegrollen?“ Doch als sie hinblicken, sehen sie: Das Grab ist schon offen! Der Stein ist weg! Sie gehen in das Grab hinein und sehen einen jungen Mann sitzen mit einem weißen Gewand. Da erschrecken sie sehr.
Er aber sagt zu ihnen: „Erschreckt nicht! Ihr sucht Jesus. Er ist nicht hier. Er lebt! Er ist wirklich auferstanden! Erzählt es seinen Freunden und allen Menschen: Jesus ist wirklich auferstanden! Er lebt!“

Vorleser hält die Bibel in die Höhe und spricht:

Aus dem Heiligen Buch von Jesus Christus, unserem Herrn. – Amen.

Predigt Liebe Kinder, Jesus ist von den Toten auferstanden. Alle Menschen sollen es weitererzählen. So bringen wir Licht in diese Welt. Unsere Osterkerze leuchtet hell. Und sie wird viele andere Kerzen zum Leuchten bringen.

Lichtertanz *Fünf Kinder kommen mit Teelichtern in Glasgefäßen nach vorne und stellen sich um die Osterkerze auf. Eine Erzieherin entzündet für alle sichtbar die Teelichter an der Osterkerze; anschließend tanzen die Kinder zu Hintergrundmusik um die Osterkerze herum.*

Fürbitten *Die Kinder, die die Fürbitten vortragen, haben Kerzen in der Hand. Die Teelichter werden, unterstützt von einem Erwachsenen, jeweils unmittelbar vor dem Vortragen der Fürbitte an der Osterkerze entzündet.*

L Gott, im Osterlicht erkennen wir deine Liebe. Wir wollen für viele Menschen das Osterlicht entzünden.

- Wir entzünden das Licht an der Osterkerze für alle Eltern.

V/A Schenke neues Leben!

- Wir entzünden das Licht an der Osterkerze für alle Erzieherinnen.
- Wir entzünden das Licht an der Osterkerze für alle Kinder.

L Guter Gott, für all diese Menschen wollen wir selbst ein Licht sein. Dafür stärke uns durch Jesus Christus, unseren Herrn. Amen.

Vaterunser

Schlussgebet Guter Gott, dein Sohn Jesus ist auferstanden. Er ist für uns wie ein helles Licht. Diese frohe Botschaft wollen wir in die Welt hinaustragen, so dass auch wir ein Licht für andere werden können. Darum bitten wir durch Jesus Christus, unseren Herrn. Amen.

Gemeinsames Kreuzzeichen *oder* **Kindersegnung**

Am Schluss erhält jede Gruppe ein verziertes Glas mit Teelicht oder eine große Osterkerze mit der Aufschrift „Jesus lebt!", verbunden mit der Bitte an die Erzieherinnen, diese in den nächsten Tagen im Morgenkreis anzuzünden und damit an die Osterbotschaft zu erinnern.
Außerdem erhält jedes Kind ein Teelicht. Um die Metallhülle wird ein Papierstreifen mit folgender Aufschrift geklebt: Jesus ist auferstanden – Halleluja!

WAS KINDERN BESONDERS SPASS MACHT

- Glas (Marmeladenglas) für den Lichtertanz kann vorher im Kindergarten mit österlichen Motiven verziert werden
- Osterbrunnen gestalten
- Osterkerzen basteln: mit Wachsplatten verzieren oder mit Wachsstiften (österliche Symbole können auch mit kleinen Plätzchenbackformen ausgestochen werden)
- Osterlamm auf festes Papier (Pappe oder sogar Karton) kopieren, ausschneiden und in die Mitte ein Teelicht kleben; danach das Schaf mit Watte bekleben
- Teelicht mit Schmetterlingsflügeln (Schmetterling ist auch ein Ostersymbol): Schmetterlingsflügel ausmalen lassen (mit Glitzer und kleinen Glitzersteinen verzieren) und danach an ein Teelicht kleben (mit Klebestreifen fixieren)

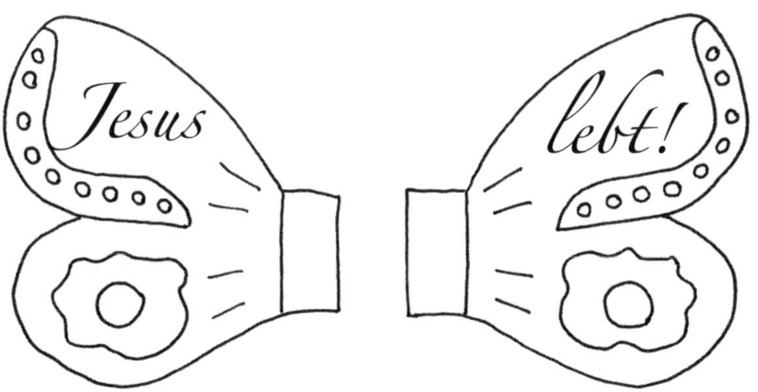

GOTT SCHENKT NEUES LEBEN

SYMBOL: SCHMETTERLING

Vorbereitung

- Die Kirche mit Schmetterlingen schmücken
- Lebensgeschichte des Schmetterlings vorbereiten, Raupen- und Schmetterlingskostüme für einige Kinder, dunkles Tuch/Kriechtunnel/Vorhang
- Evtl. Schmetterlingstanz vorbereiten, Musik für den Schmetterlingstanz auswählen, Kostüme basteln
- Fürbitten vorbereiten
- Schmetterling für jedes Kind mit dem Satz „Jesus lebt!“

Anfangsrituale

Einführung Liebe Kinder, wir feiern Ostern. Wir feiern, dass Jesus auferstanden ist.
So viele schöne Schmetterlinge sind heute in der Kirche. Jeder freut sich, wenn er im Garten einen Schmetterling entdeckt. So ein Schmetterling kann uns heute zeigen, was am Osterfest wichtig ist.

Kyrie-Rufe Herr Jesus, du bist auferstanden. Du schenkst uns Leben.
V/A Herr, erbarme dich.
Herr Jesus, du bist auferstanden. Du schenkst uns Kraft.
V/A Christus, erbarme dich.
Herr Jesus, du bist auferstanden. Du schenkst uns Freude.
V/A Herr, erbarme dich.

Gebet Guter Gott, voll Freude sind wir zusammengekommen. Jesus ist auferstanden und lebt. Du hast alles zum Guten geführt. Stärke uns durch dein Wort. Darum bitten wir durch Jesus Christus, unseren Herrn. Amen.

Schriftwort Die Botschaft des Engels am leeren Grab (Lk 24,1–9)

Nachdem Jesus gestorben war, machen sich drei Frauen auf den Weg zu seinem Grab.
Sie sind sehr traurig und können es noch immer nicht verstehen, dass Jesus sterben musste.
Früh am Morgen kommen sie zum Grab, gerade als die Sonne aufgeht. Das Grab ist in einer Höhle und der Eingang ist mit einem großen Stein verschlossen. Sie fragen sich: „Wer wird uns den Stein vom Eingang des Grabes wegrollen?" Doch als sie hinblicken, sehen sie: Das Grab ist schon offen! Der Stein ist weg! Sie gehen in das Grab hinein und sehen einen jungen Mann sitzen mit einem weißen Gewand. Da erschrecken sie sehr.
Er aber sagt zu ihnen: „Erschreckt nicht! Ihr sucht Jesus. Er ist nicht hier. Er lebt! Er ist wirklich auferstanden. Erzählt es seinen Freunden und allen Menschen: Jesus ist wirklich auferstanden! Er lebt!"

Vorleser hält die Bibel in die Höhe und spricht:

Aus dem Heiligen Buch von Jesus Christus, unserem Herrn. – Amen.

Predigt Liebe Kinder, hier habe ich einen schönen großen Schmetterling. Ein richtiger Schmetterling hat schon vieles erlebt. Alles fängt an mit einer Raupe.
Nun spielen einige Kinder die Lebensgeschichte eines Schmetterlings:

Sprecher	**Anleitung für die Kinder**
Eine Raupe ist ein kleines dickes Tier. Nur ganz langsam kann sie über den Boden kriechen. Sie hat immer Hunger. Und sie macht sich immer Sorgen, ob sie auch genug zu fressen bekommt.	*Die als Raupen verkleideten Kinder kriechen/krabbeln am Boden und öffnen immer wieder ihre gefräßigen Mäuler.*
Sehnsüchtig blickt sie hinauf zu den Vögeln, die leicht und sorglos am Himmel fliegen. Dann aber blickt sie wieder zu Boden und frisst alles Grüne, was sie erwischen kann.	*Sie blicken nach oben.*
Auf einmal geschieht etwas Sonderbares: Sie bewegt sich nicht mehr und sieht aus wie tot. Doch dann geschieht ein großes Wunder: Aus diesem toten Klumpen schlüpft ein neues Lebewesen – es entfaltet sich ein wunderschöner bunter Schmetterling.	*Die Raupen werden in ein dunkles Tuch gehüllt oder in einen dunklen Kriechtunnel. Dort „verwandeln" sie sich in Schmetterlinge. (Denkbar ist auch, dass die Raupen hinter einem schwarzen Vorhang verschwinden und dort mithilfe einer Erzieherin „verwandelt" werden.)*
Jetzt entfaltet er sich als wunderschöner, bunter Schmetterling. Leicht fliegt er auf einer Blumenwiese von Blüte zu Blüte. Er probiert vom süßen Nektar der Blumen. Jeder, der ihn sieht, freut sich über die Wunder Gottes.	*Die Schmetterlinge „fliegen" umher und flattern mit den Flügeln.*

Lied und Tanz

Eine Gruppe gestaltet einen „Schmetterlingstanz" zu einem geeigneten Lied (z. B. Ich breite meine Flügel aus [Schmetterlingstanz] von Rolf Krenzer, Wie ein bunter Schmetterling von Detlev Jöcker oder Schmetterling, du kleines Ding) oder Instrumentalstück.

Fürbitten Guter Gott, du schenkst uns neues Leben. Wir bitten dich:

- Viele Menschen sind traurig.

V/A Schenke neues Leben.

- Viele Menschen sind allein.
- Viele Menschen haben Angst.

Denn du bist der Gott des Lebens und der Freude. Wir vertrauen auf dich durch Jesus Christus, unseren Herrn. Amen.

Vaterunser

Schlussgebet Lieber Gott, mit großer Freude haben wir das Osterfest gefeiert. Wir dürfen mit Jesus leben. Jeder Schmetterling erinnert uns daran. Öffne unsere Augen, dass wir jeden Tag das Wunder des Lebens entdecken durch Jesus Christus, unseren Herrn. Amen.

Gemeinsames Kreuzzeichen *oder* **Kindersegnung**

Am Schluss werden Schmetterlinge an die Kinder verteilt, auf denen der Satz „Gott schenkt neues Leben" aufgedruckt ist.

WAS KINDERN BESONDERS SPASS MACHT

- Lied „Schmetterling, du kleines Ding" singen und spielen, Kostüme dafür basteln, beim Elternfest oder im Altenheim aufführen
- Buch „Die kleine Raupe Nimmersatt" von Eric Carle vorlesen und evtl. als Klanggeschichte aufführen
- Raupen und Schmetterlinge mit dem Kartoffeldruck herstellen und z. B. Stofftaschen oder T-Shirts bedrucken
- Schmetterlingsgeschichten vorlesen, z. B. Elmar und der Schmetterling von David McKee und Stefan Wendel, Sachbücher lesen
- Schmetterlingsgarten oder eine Schmetterlingswiese im Kindergarten anlegen
- Schmetterlinge beobachten und im Lexikon suchen
- Schmetterlinge nach einer Vorlage ausmalen und damit ein Schmetterlingsplakat erstellen
- Den Kindergarten mit selbstgebastelten Schmetterlingen dekorieren

- Schmetterlinge basteln mit der Enkaustik-Methode: Auf ein Pergamentpapier wird mit Wachsmalkreiden gemalt. Papier zusammenfalten und mit einem heißen Bügeleisen darüber bügeln. Wenn das Wachs kalt und trocken ist, kann man die gewünschte Form des Schmetterlings ausschneiden.

DAS WUNDER DES LEBENS

SYMBOL: OSTEREI

Vorbereitung

- Osterstrauß (ohne Eier) und Korb mit bunten Eiern werden vor dem Altar aufgebaut
- Kyrie-Rufe vorbereiten
- Symbole für Kyrie-Rufe: Kreuz, Kerze, Osternest
- Echtes Hühnerei
- Eine Bilderfolge „Aus dem Ei schlüpft ein Küken“ vorbereiten
- Kreistanz zu ruhiger Musik vorbereiten
- Fürbitten vorbereiten
- Drei Ostereier für die Fürbitten

Anfangsrituale

Einführung Liebe Kinder, viele Tage und Wochen feiern wir Christen das Osterfest. Schon vor den Ferien haben wir Eier gefärbt oder bunt bemalt. Auch hier sehen wir viele bunte Eier.

Kyrie-Rufe *Drei Kinder tragen die Kyrie-Rufe vor. Jeder bringt ein passendes Symbol mit und legt es zum Osterstrauch vor den Altar.*

Symbol: Kreuz Herr Jesus, du bist für uns am Kreuz gestorben.
V/A Herr, erbarme dich.

Symbol: Kerze Herr Jesus, du bist vom Tode auferstanden.
V/A Christus, erbarme dich.

Symbol: Nest mit Ostereiern
Herr Jesus, du schenkst auch uns neues Leben.
V/A Herr, erbarme dich.

Gebet Guter Gott, dein Sohn Jesus ist von den Toten auferstanden. Dieses Wunder feiern wir an Ostern. Jeden Tag schenkst du uns neues Leben. Dein Wort stärkt uns durch Jesus Christus, unseren Herrn. Amen.

Schriftwort Die Botschaft des Engels am leeren Grab (Mt 28,1 ff)

Bild von einem Engel neben dem Grab Jesu wird gezeigt (z. B. DonBosco Verlag: Bilder für das Erzähltheater – Ostern).

Frühmorgens gehen zwei traurige Frauen zum Grab von Jesus.
Plötzlich bebt die Erde und ein Engel kommt vom Himmel herab. Er geht zum Grab und schiebt den großen Stein vom Grab weg. Er setzt sich auf den großen Stein. Seine Gestalt leuchtet wie ein Blitz und sein Kleid ist weiß wie Schnee.
Der Engel sagt zu den Frauen: „Fürchtet euch nicht! Ich weiß, ihr sucht Jesus. Er ist nicht hier. Seht euch die Stelle an, wo er lag. Jesus ist von den Toten auferstanden. Geht und erzählt allen: Jesus ist wirklich von den Toten auferstanden. Halleluja."

Vorleser hält die Bibel in die Höhe und spricht:

Aus dem Heiligen Buch von Jesus Christus, unserem Herrn. – Amen.

Predigt Liebe Kinder, an Ostern feiern wir die Auferstehung Jesu. Gott schenkt immer wieder neues Leben. Das können wir auch in der Natur entdecken: Die Blumen blühen wieder und an den Bäumen und Sträuchern wächst frisches Grün.
Besonders deutlich sehen wir bei einem Ei, wie etwas Neues entsteht.

Ein Ei wird gezeigt.

Es ist hart und leblos. Doch wenn die Zeit gekommen ist, schlüpft aus der toten Schale neues Leben.

Bilderfolge zeigen.

Das ist ein großes Wunder. Jetzt verstehen wir auch, warum es so viele Ostereier gibt. Jedes Ei erinnert uns an die Botschaft, dass Gott immer wieder neues Leben schenkt.
Darum werden wir jetzt unseren Osterstrauß mit vielen bunten Eiern schmücken.

Osterstrauch wird von einigen Kindern mit bunten Eiern geschmückt.

Kreistanz *Einfacher Kreistanz um Osterkerze und Osterstrauß zu ruhiger Musik*

Fürbitten *Die Kinder tragen die Fürbitten vor. Zu jeder Fürbitte wird ein buntes Osterei deutlich sichtbar aus dem Korb an den Osterstrauch gehängt.*

L Guter Gott, du schenkst immer wieder neues Leben. Wir bitten dich:
- Wir beten für alle traurigen Menschen, dass sie wieder fröhlich werden.

V/A Herr, schenke neues Leben.
- Wir beten für alle kranken Menschen, dass sie wieder gesund werden.
- Wir beten für alle einsamen Menschen, dass sie Freunde finden.

L Du, o Herr, bist die Auferstehung und das Leben in Christus, unserem Herrn. Amen.

Vaterunser

Schlussgebet Lieber Gott, Jesus ist aus dem Grab auferstanden. Das macht uns froh und glücklich. Mit Jesus dürfen auch wir ewig leben. Dafür danken wir durch Jesus Christus, unseren Herrn. Amen.

Gemeinsames Kreuzzeichen *oder* **Kindersegnung**

WAS KINDERN BESONDERS SPASS MACHT

- Ostereier färben/bemalen/verzieren
- Bauernhof besuchen und frischgeschlüpfte Küken ansehen/anfassen
- Ostereiermandala ausmalen
- Osterstrauch mit Ostereiern behängen
- Osterbrunnen mit Ostereiern verzieren
- Blumenstecker aus Ostereiern herstellen
- Küken aus Eiern basteln
- Ostereier aus Papier gestalten

DER GEIST DER STILLE UND DER ZÄRTLICHKEIT

PFINGSTEN

Vorbereitung

- Schatzkästchen
- Daunenfeder
- Glockenspiel, Triangel oder Zimbeln
- Feder und Schriftrolle mit der Anleitung für die Federmassage für jedes Kind (auch bunt möglich)

Anfangsrituale

Einführung Liebe Kinder, wir feiern das Pfingstfest. Das ist das Fest des Heiligen Geistes. Es erinnert uns an Jesus und seinen Vater im Himmel. Um den Heiligen Geist zu entdecken, brauchen wir unsere Klangschale. Sie hilft uns, still zu werden. Ich bin neugierig, wer von euch gut hören kann. Wenn du die Klangschale nicht mehr hören kannst, dann verschränkst du deine Arme. Bist du bereit?

Klangschale wird für die Kinder deutlich sichtbar angeschlagen. Wenn der Ton verklungen ist, verschränken die Kinder die Arme. Wenn es ganz leise ist und alle ihre Arme verschränkt haben, wird in die Stille sehr leise hineingeflüstert.

Ich habe etwas in meinem alten Osternest gefunden. Es ist ganz klein und zart. Es fliegt schnell weg, wenn der Wind kommt. Ich zeige es euch.

Ein kleines Schatzkästchen wird geöffnet und eine große Daunenfeder gezeigt.

In der Bibel steht: Jesus haucht seine Freunde an.

Es wird sanft auf die Feder geblasen.

und spricht „Empfangt den Heiligen Geist!"

Dankrufe Herr Jesus, Ostern ist das Fest des Lebens.
V/A Jesus, wir danken dir.
Herr Jesus, voll Freude haben wir 50 Tage lang Ostern gefeiert.
V/A Jesus, wir danken dir.
Herr Jesus, Pfingsten ist das Fest des Heiligen Geistes.
V/A Jesus, wir danken dir.

Gebet Guter Gott, du sendest uns den Heiligen Geist. Er steht uns bei und hilft uns. Wir erleben, wie uns dieser Geist stark macht. Er lässt uns hören, was du sagst. Darum danken wir durch Jesus Christus, unseren Herrn, Amen.

Schriftwort Die Beauftragung der Jünger (Joh 20,19–23)

Die Freunde haben sich versammelt. Der auferstandene Jesus kommt in ihre Mitte und spricht leise: „Friede sei mit euch!" Da freuen sich alle. Noch einmal sagt er: „Friede sei mit euch!"
Dann haucht er sie an

pusten

und spricht: „Empfangt den Heiligen Geist!"

Vorleser hält die Bibel in die Höhe und spricht:

Aus dem Heiligen Buch von Jesus Christus, unserem Herrn. – Amen.

Ratespiel Liebe Kinder, wir wollen Gott für alles danken, was er uns mit dem Heiligen Geist geschenkt hat. Dazu berühre ich mit der kleinen Feder vielleicht deine Ohren, deine Augen, deinen Mund, deinen Kopf, deine Nase oder deine Hände.

Körperteil wird jeweils angetippt.

Wenn du das spürst, dann kannst du einen Danksatz sprechen: „Danke für die Ohren!/Danke für die Augen!/Danke für den Mund!/Danke für den Kopf!/ Danke für die Nase!/Danke für die Hände!
Jetzt schließen wir die Augen.

Ein Person oder bei einer größeren Gruppe mehrere Erzieherinnen gehen jeweils zu einem Kind. Jedes Kind wird sanft an einem Sinnesorgan mit der Feder berührt. Anschließend sollen die Kinder verbalisieren, wo sie berührt wurden und ihren Danksatz sprechen. Das Berühren kann durch ein akustisches Signal wie Glockenspiel, Zimbel oder Triangel angekündigt werden.

Federlied s. S. 163

Vaterunser

Schlussgebet Lieber Gott, du hast mich wunderbar erschaffen. Der Heilige Geist lässt mich spüren: Deine Liebe ist groß, du berührst mich zärtlich. Miteinander erleben wir viel. Sende immer wieder deinen Geist. Amen.

Gemeinsames Kreuzzeichen *oder* **Kindersegnung**

Jedes Kind bekommt anschließend eine Feder. Es können auch bunte Federn verteilt werden. Außerdem wäre die Anleitung für die Federmassage und das Lied als Kopie für zuhause schön (s. S. 163). Die Anleitung wird für jedes Kind kopiert und zu einer Schriftrolle zusammengerollt und mit einer Feder geschmückt.
Die Federmassage dient dazu, dass die Kinder ihren Körper besser wahrnehmen lernen. Dabei erfahren sie, dass sie und ihr Körper wunderbar erschaffen wurden.

PASSENDE LIEDER FÜR DEN PFINGSTGOTTESDIENST

- Atme in uns, Heiliger Geist (GL 346)
- Atmen wir den frischen Wind (KiGoLo, Nr. 251)
- Da berühren sich Himmel und Erde (KGB, Nr. 104)
- Ein neuer Himmel, eine neue Erde (KGB, Nr. 108)
- Friede sei mit euch (KGB, Nr. 109)
- Gib uns Frieden jeden Tag (KGB, Nr. 134)
- Gottes Geist kommt oft ganz leise (KGB,Nr. 72)
- Gottes Hand hält mich fest (KGB, Nr. 114)
- Herr, gib uns deinen Frieden (KGB, Nr. 125)
- In deinem Arm geht es mir gut (KGB, Nr. 109)
- Komm, heiliger Geist (KGB, Nr. 70 und KiGoLo, Nr. 252)
- Trommle, mein Herz (KGB, Nr. 130)

WAS KINDERN BESONDERS SPASS MACHT

- Bilder von einer Taube malen und mit Federn bekleben
- Weiße Tauben oder Vögel aus Pappmaschee basteln und mit Federn bekleben
- Aus einem Handabdruck eine Taube herstellen (Idee: www.kindergaudi.de)
- Den Umriss einer Taube aus Papier ausschneiden, Flügel und Schwanz falten (Ziehharmonika-Technik) oder aus echten Federn aufkleben
- Aus Papptellern und Plastiklöffeln eine Taube basteln
- Im verdunkelten Raum, evtl. mit einer Schlafmaske, eine Federmassage machen (Sinnesorgane berühren) und erraten lassen, wo man berührt wurde
- Federn pusten und wieder auffangen
- Spiel: Wer schafft es, seine Feder ins andere Ende des Zimmers zu pusten?

AM ENDE DES KINDERGARTENJAHRES

LIEDER FÜR ALLE GOTTESDIENSTE ZUM ENDE DES KINDERGARTENJAHRES

- Bewahre uns Gott, (KGB, Nr. 213)
- Der Herr segne dich (KGB, Nr. 217)
- Dass sich unser Wege trennen (KiGoLo, Nr. 143)
- Geh in Frieden, geh in Freude (KiGoLo, Nr. 164)
- Geh mit Gottes Segen (KGB, Nr. 214)
- Gott, dein guter Segen (KiGoLo, Nr. 148 und KGB, Nr. 220)
- Gott sagt uns immer wieder (KGB, Nr. 216)
- Gottes guter Segen (KiGoLo, Nr. 149)
- Gottes Kraft geht alle Wege mit (KiGoLo, Nr. 144)
- Halte zu mir, guter Gott (KiGoLo, Nr. 162)
- Herr, wir bitten, komm und segne uns (evtl. nur Refrain) (KiGoLo, NR. 147)
- Segne uns Gott (KiGoLo, Nr. 146)
- So geh mit Gottes Segen (KiGoLo, Nr. 155)

VOM SCHATZ IN UNSEREM KINDERGARTENJAHR

AM ENDE DES KINDERGARTENJAHRES

Vorbereitungen
- Schatztruhe
- Goldstück
- Braune Tücher
- Spazierstock, Hut
- Spielszene vorbereiten
- Gegenstände/Bilder und Danksätze für Jahresrückblick

Anfangsrituale

Einführung Liebe Kinder, ein Kindergartenjahr ist wieder zu Ende. Wir haben viel gespielt und gelernt. Wir freuen uns auf die Ferien. Deshalb haben wir uns hier versammelt. Wir wollen Gott für das Gute danken.
So rufen wir zu Jesus Christus, unserem Freund und Herrn:

Kyrie-Rufe Herr Jesus, du bist unser Freund.
V/A Herr, erbarme dich.
Herr Jesus, du hast uns durch das Kindergartenjahr begleitet.
V/A Christus, erbarme dich.
Herr Jesus, du bleibst immer bei uns.
V/A Herr, erbarme dich.

Gebet Guter Gott, du schenkst uns das Leben. Mit deinem Wort erkennen wir, was im Leben wichtig ist. Dafür danken wir durch Jesus Christus, unseren Herrn. Amen.

Spielszene *Eine Schatztruhe steht verdeckt durch braune Tücher vor dem Altar.*
Ein „Spaziergänger" (Erzieherin) kommt. Er hat einen Stock in der Hand, einen Hut und pfeift vor sich hin.

Sprecher So ein schöner Tag! Die Sonne scheint warm, der Himmel ist blau! – Doch was ist das? Was glitzert da?

Der Spaziergänger schaut auf den Boden und ruft:

„Ein Goldstück!"

Er hebt es auf.

„Wo eins ist, da sind bestimmt auch zwei oder drei oder viele!"

Spaziergänger ruft:

„Eine Kiste! Eine Schatztruhe!"

Er deckt die Truhe auf und ruft:

„Ein Schatz! Eine Schatzkiste im Acker!

Er schlägt die Hand an die Stirn und sagt:

„Ich habe einen Schatz entdeckt! Danke Gott!"

Sprecher Das war aber jetzt eine aufregende Geschichte! Die Geschichten von Jesus sind immer aufregend. Wie es weitergeht, hören wir nun im Evangelium.

Der Spaziergänger geht zurück an seinen Platz.

Schriftwort Das Gleichnis vom Schatz (Mt 13,44 ff)

Jesus erzählt: „Mit dem Himmelreich ist es genauso wie mit einem Schatz, der in einem Acker vergraben ist.
Ein Mann entdeckt ihn. Er freut sich. Er ruft: „Hurra! Ich habe einen Schatz gefunden! Danke lieber Gott!"

Vorleser hält die Bibel in die Höhe und spricht:

Aus dem Heiligen Buch von Jesus Christus, unserem Herrn. – Amen.

Predigt Liebe Kinder, Jesus sagt: Im Leben gibt es viele Schätze. Auch im Kindergarten gibt es viele Schätze. Schätze, so wertvoll wie Gold und Silber. Schau'n wir doch mal in unsere Schatzkiste hinein. Dann entdecken wir die Schätze, von denen Jesus spricht.

Ein Erwachsener öffnet die Schatzkiste und zeigt sie allen Kindern. Dann kommen die vorher ausgesuchten Kinder aus jeder Gruppe und nehmen ihren Gegenstand/ihr Bild aus der Schatzkiste, heben es hoch und tragen dazu – anstelle der Fürbitten – jeweils einen Danksatz vor.

Dank *Nach jedem der folgenden Sätze kann der Liedruf „Jeden Tag finden wir ..." (s. S. 162) von allen (V/A) gesungen werden.*

Ball Wir spielen gerne mit unseren Freunden.
Guter Gott, wir danken dir.

Symbol für Feier
Im Kindergarten feiern wir viele Feste. (Wir haben ein ...-Fest gefeiert).
Guter Gott, wir danken dir.

Rucksack Wir haben viele Ausflüge gemacht. (Wir haben einen Ausflug zum ... gemacht.)
Guter Gott, wir danken dir.

Lagerfeuer Wir haben ein Lagerfeuer gemacht und Kartoffeln gebraten.
Guter Gott, wir danken dir.

Kissen Wir haben im Kindergarten übernachtet.
Guter Gott, wir danken dir.

Kuscheltier Wir haben viel über Tiere gelernt. (Wir haben viel über die/den/das ... gelernt.)
Guter Gott, wir danken dir.

Blume Wir haben viel über Pflanzen gelernt.
Guter Gott, wir danken dir.

Kleiner Schlitten
Wir waren beim Schlittenfahren.
Guter Gott, wir danken dir.

Geburtstagshut
Wir haben viele Geburtstage gefeiert.
Guter Gott, wir danken dir.

Kochbuch Wir haben viele leckere Sachen gekocht und gegessen.
Guter Gott, wir danken dir.

L All diese Schätze hast du uns geschenkt, guter Gott – und noch viel mehr. Wir danken dir durch Jesus Christus, unseren Herrn. Amen.

Vaterunser

Schlussgebet Guter Vater, wir haben das Ende des Schuljahres gefeiert und dir für alles Gute Danke gesagt. Wir gehen gerne in die Ferien. Behüte uns auf allen Wegen, damit wir uns alle gesund wiedersehen. Darum bitten wir durch Jesus Christus, unseren Herrn. Amen.

Gemeinsames Kreuzzeichen *oder* **Kindersegnung**

WAS KINDERN BESONDERS SPASS MACHT

- Eine gruppeninterne Schatzkiste erstellen: Was hat mir in diesem Kindergartenjahr am besten gefallen? Jedes Kind darf einen Gegenstand/Symbol oder ein Bild hineinlegen
- Die anderen Gruppen mit der Schatzkiste besuchen und sich erzählen, evtl. unterstützt mit Fotos, was sich im letzten Kindergartenjahr alles ereignet hat
- Schatzkisten aus (festem) Papier basteln oder günstig (aus Holz) kaufen und gestalten. Zuhause mit individuellen Schätzen füllen oder mit Fotos der Kinder von besonderen Anlässen, so dass ein individueller Jahresrückblick entsteht

WIR DANKEN MIT SONNENBLUMEN

AM ENDE DES KINDERGARTENJAHRES

Vorbereitung

- Sonnenblumen-Blüte aus braunem und gelbem Tonpapier für jede Gruppe: Dazu werden gelbe Blütenblätter als Ausschneidebögen an die Gruppen in ausreichender Anzahl verteilt. Jedes Kind soll seinen Namen auf ein solches Blütenblatt schreiben (lassen) und das Blatt ausschneiden. Auf einer Flanelltafel wird ein runder brauner Tonpapierkreis aufgehängt um den herum rechtzeitig vor Beginn des Gottesdienstes die einzelnen Namens-Blütenblätter zu einer großen Sonnenblume zusammengeklebt werden.
- Kirchenraum mit Sonnenblumen schmücken
- Zeichnung von Jesus (evtl. auch mit dem Wort „Jesus“)
- Sonnenblumen und Vase zu den Danksätzen für jede Gruppe
- Danksätze üben
- Spiel vorbereiten: Kinder als Sonnenblumen und Sonne verkleiden
- Für alle Kinder kopieren: Zeichnung einer Sonnenblume mit dem Satz „Schöne Ferien!“
- Oder: (echte) Sonnenblume für jedes Kind mit einem Zettel dran: „Schöne Ferien!“

Anfangsrituale

Einführung Liebe Kinder, wir sind heute hier, um Gott für dieses Kindergartenjahr zu danken. Alle sind da – und jeder hat seinen Namen hier auf diese Sonnenblume geschrieben. Jesus gehört in unsere Mitte. So rufen wir zu ihm im Kyrie:

Kyrie-Rufe *Kind bringt eine Bild-/Wortkarte „Jesus" und heftet sie mitten in die Sonnenblume und spricht:*

Herr Jesus, du bist mitten unter uns.
V/A Herr, erbarme dich.
Herr Jesus, wir gehören zu dir.
V/A Christus, erbarme dich.
Herr Jesus, du schenkst uns deine Liebe.
V/A Herr, erbarme dich!

Gebet Guter Vater im Himmel, du schenkst immer wieder neues Leben. In diesem Jahr sind wir wieder ein Stück gewachsen. Ja, alles, was du liebst, darf groß werden und wachsen. Dafür danken wir durch Jesus Christus, unseren Herrn.

Schriftwort Von der falschen und der rechten Sorge (Mt 6,26–30)

Jesus ist mit seinen Freunden unterwegs. Er sagt: „Seht euch nur die Vögel an, wie sie am Himmel fliegen. Gott kümmert sich um sie, dass sie genug zu Essen haben. Und schaut euch die Blumen an, die auf dem Feld wachsen. Sie sehen wunderschön aus! Selbst ein König ist nicht so herrlich gekleidet.
Auch das Gras hat Gott prächtig gekleidet. Obwohl es sein kann, dass es morgen schon abgeschnitten und weggeworfen wird.
Noch mehr kümmert sich Gott um die Menschen. Macht euch also keine Sorgen! Gott liebt diese Welt!"

Vorleser hält die Bibel in die Höhe und spricht:

Aus dem Heiligen Buch von Jesus Christus, unserem Herrn. – Amen.

Predigt Liebe Kinder, gerade haben wir gehört, dass auch Jesus von den Blumen spricht. Er sagt: Gott schenkt den Blumen ein wunderschönes buntes Kleid. Gott liebt jede Blume – doch noch viel mehr liebt er jeden von uns. Wir haben so oft in diesem Kindergartenjahr seine Liebe gespürt. Für all das Schöne, das wir erlebt haben, wollen wir nun danken:

Dank *Kinder aus jeder Gruppe bringen jeweils eine Sonnenblume, sprechen ihren Danksatz und stecken ihre Blume in eine große Vase vor dem Altar.*

„Das Schönste (in diesem Kindergartenjahr) war ..."

(z. B. der Ausflug nach ..., ein Fest, Theaterbesuch usw. – nach diesem Muster formuliert jede Gruppe einen Satz, der von einem Kind vorgetragen wird. Anschließend wird je eine Sonnenblume in die Vase gestellt.)

Liedruf nach jedem Danksatz (V/A) *(s. S. 164)*

L Nun hat jede Gruppe Danke gesagt. Jede Gruppe hat eine Blume gebracht. Dieser schöne Blumenstrauß ist unser Dank an Gott.

Spiel *Vorgetragen von einer Mitarbeiterin, einige Kinder verkleidet als Sonnenblume, dunkel angezogen mit einem großen Blütenkragen um den Hals, ein Kind verkleidet als Sonne, hell/gelb angezogen mit einer großen Sonne in der Hand oder als „Stirnband" um den Kopf*

Die Sonnenblume hat ihren Namen von der Sonne. Ihr Kopf bewegt sich ganz langsam. Es ist immer dieselbe Bewegung:	*Sonnenblumen stehen vor dem Altar und blicken zu den anderen Kindern.*
Am Morgen schaut sie zum Sonnenaufgang.	*Sonne erscheint und alle Sonnenblumen blicken zur Sonne.*
Tagsüber folgt sie dem Lauf der Sonne. Und abends schaut sie dem Sonnenuntergang nach.	*Sonne wandert langsam auf die andere Seite und die Sonnenblumen schauen ihr nach.*

Sie blickt immer dorthin, wo Wärme und
Licht herkommen.
Lieber Gott, von dir
kommen Wärme und
Licht.
Von dir kommt alles
Gute.
Dafür danke ich dir.
Amen.

Vaterunser

Schlussgebet Lieber Gott, wir gehören zusammen. Wir haben miteinander gefeiert. Wie eine Blume sind wir aufgeblüht in deinem Namen, weil du uns stärkst durch dein Wort. Diese Freude wollen wir auch in den Ferien behalten. Segne uns bis wir uns wieder treffen durch Jesus Christus, unseren Herrn. Amen.

Gemeinsames Kreuzzeichen *oder* **Kindersegnung**

Die Kinder erhalten beim Hinausgehen die kopierte Zeichnung einer Sonnenblume oder eine echte Sonnenblume mit dem Satz „Schöne Ferien!“.

WAS KINDERN BESONDERS SPASS MACHT

- Sonnenblumen (im Frühling) anpflanzen und beim Wachsen zusehen
- Je einen Sonnenblumenkern in einem Blumentopf anpflanzen und mit nach Hause nehmen
- Sonnenblumenkerne essen, damit Brot backen oder Müsli herstellen
- Mit Sonnenblumenkernen im Winter Vögel füttern, dazu einen Meisenknödel selbst herstellen

GOTT BEGLEITET UNS

AM ENDE DER KINDERGARTENZEIT (SCHULANFÄNGER)

Vorüberlegungen

Der Übergang vom Kindergarten in die Grundschule ist für die Kinder und ihre Familien ein bedeutender Einschnitt. Abschied und Neuanfang berühren den Menschen emotional stark, so dass es angemessen ist, eine derartige Zäsur im Rahmen eines Gottesdienstes zu würdigen und zugleich Gott um seinen Segen für die Zukunft zu bitten.

Vorbereitung

- Für diese bedeutende Stunde ist es wohl ratsam, wenn schriftliche Einladungen an die Eltern der Schulanfänger verschickt werden.
- Bild von jedem Schulanfänger
- Bild einer großen Schultüte an der Flanelltafel
- Fürbitten vorbereiten
- Kleine Schultüten für jeden Schulanfänger

Anfangsrituale

Einführung Liebe Kinder, liebe Eltern, heute ist für uns alle ein bedeutender Tag. Bald seid ihr nicht mehr Kindergartenkinder, sondern Schulkinder. Nun heißt es Abschied nehmen. Das macht schon ein bisschen traurig – aber es ist auch schön, dass ihr nun endlich in die Schule gehen dürft.

Nun wollen wir uns ansehen, wer nach den Sommerferien in diese neue, aufregende Zeit starten darf.

Bild von einer großen Schultüte hängt an einer Flanelltafel. Die Schulanfänger werden einzeln aufgerufen und dürfen ihr Foto an die Schultüte hängen.

Jesus hilft im Leben. Er begleitet uns und so rufen wir zu ihm:

Kyrie-Rufe Herr Jesus, du bist unser Freund und begleitest uns.
V/A Herr, erbarme dich.
Herr Jesus, mit unseren Eltern freust du dich, wenn wir immer größer werden.
V/A Christus, erbarme dich.
Herr Jesus, du wirst uns auch in der Schule begleiten.
V/A Herr, erbarme dich.

Gebet Guter Gott, du hast die Welt so wunderbar erschaffen. Du schenkst uns das Leben. Du schenkst uns die Zeit. Wir wollen sie nutzen, und wir wollen dankbar sein durch Jesus Christus, unseren Herrn. Amen.

Predigt
Teil 1 Auch Jesus verabschiedete sich von seinen Freunden. Jesus hat bei seinem Abschied zu seinem Vater im Himmel gebetet. Dieses Abschiedsgebet hören wir im Evangelium.

Schriftwort Jesu Rechenschaft vor dem Vater (Joh 17,1–8)

Jesus muss seine Freunde verlassen und betet zu Gott: „Vater, ich habe meinen Freunden viel von dir erzählt. Heiliger Vater, beschütze und behüte sie, auch wenn ich nicht mehr da bin. Ich bitte dich, dass du alle vor dem Bösen beschützt."

Vorleser hält die Bibel in die Höhe und spricht:

Aus dem Heiligen Buch von Jesus Christus, unserem Herrn. – Amen.

Predigt
Teil 2 Liebe Eltern, wir sind zu Recht stolz auf unsere Kinder, weil sie so viel gelernt haben und in jeder Hinsicht gewachsen sind. Sie sollen selbstständig werden. Wenn sie immer mehr mit der Welt vertraut werden, so beten wir wie einst Jesus gebetet hat:

„Vater, ich habe meinen Freunden viel von dir erzählt. Heiliger Vater, beschütze und behüte sie, auch wenn ich nicht mehr da bin. Ich bitte dich, dass du alle vor dem Bösen beschützt."

Fürbitten Guter Gott, wie Jesus richten wir unser Gebet an dich in der Sorge um unsere Mitmenschen:

KiGa-Leiterin Wir beten für alle Schulanfänger, die unseren Kindergarten verlassen und in die Schule kommen. Behüte und beschütze sie auf ihrem Lebensweg.

Erzieherin Wir beten für alle Schulanfänger, dass es ihnen in der Schule gefällt und dass sie schnell neue Freunde finden. Lieber Gott, stärke sie, damit auch sie im Leben und Glauben wachsen.

Eltern Wir beten für alle Erzieherinnen, die unsere Kinder begleitet haben. Schenke ihnen in ihrer Arbeit auch weiterhin Geduld und Liebe.

Schulanfänger

Wir beten für unsere lieben Eltern. Lieber Gott, beschütze sie.

Vaterunser

Schlussgebet Großer Gott, du bist unsere Kraft und unser Leben. Mit dir werden wir auch in Zukunft schöne Zeiten erleben und schwere Stunden bestehen. Wir danken dir durch Jesus Christus, unseren Herrn. Amen.

Einzelsegnung jedes Schulanfängers

Jeder Schulanfänger bekommt von der Kindergartenleitung eine kleine (gefüllte) Schultüte überreicht, auf der der Satz steht „N., der liebe Gott beschützt und behütet dich!"

PASSENDE LIEDER FÜR DEN GOTTESDIENST

- Bewahre uns Gott, (KGB, Nr. 213)
- Dass sich unsere Wege trennen (KiGoLo, Nr. 143)
- Der Herr segne dich (KGB, Nr. 217)
- Geh mit Gottes Segen (KGB, Nr. 214)
- Geh in Frieden, geh in Freude (KiGoLo, Nr. 164)
- Gott, dein guter Segen (KiGoLo, Nr. 148 und KGB, Nr. 220)
- Gott sagt uns immer wieder (KGB, Nr. 216)
- Gottes guter Segen (KiGoLo, Nr. 149)
- Gottes Kraft geht alle Wege mit (KiGoLo, Nr. 144)
- Halte zu mir, guter Gott (KiGoLo, Nr. 162)
- Herr, wir bitten, komm uns segne uns (KiGoLo, NR. 147)
- Segne uns Gott (KiGoLo, Nr. 146)
- So geh mit Gottes Segen (KiGoLo, Nr. 155)

WAS KINDERN BESONDERS SPASS MACHT

- Im Kindergarten übernachten
- Schultüten basteln
- Kleine Geschenke für die Kindergartenanfänger basteln (als „Hilfe“ bei der Eingewöhnung)
- Individuelles Erinnerungsalbum anlegen, mit Fotos und einem kleine Steckbrief der Kindergartenfreunde, Fotos und Bilder von Aktionen im Kindergarten, Vergleich erster Kindergartentag und heute (Größe, Alter etc.)

ANHANG

VERZEICHNIS DER SCHRIFTSTELLEN

Anlass	Gottesdienst	Schriftstelle(n)
Kindergarten-anfang	Gott lässt uns wachsen	Mt 13,1–8 (Das Gleichnis vom Sämann)
	Gott segnet uns	Mk 10,13–16 (Die Segnung der Kinder)
	Gott ist wie ein guter Hirte	Lk 15,3ff (Gleichnis vom verlorenen Schaf) Ps 23 (Der gute Hirte)
	Am Anfang der Woche	Mt 6,26–30 (Von der falschen und der rechten Sorge)
Erntedank	Ein Apfel zeigt uns Gottes Liebe	Mt 6,26–30 (Von der falschen und der rechten Sorge)
St. Martin	Sankt Martin hilft gerne	Mt 25,31–40 (Vom Weltgericht)
Nikolaus	Sankt Nikolaus sieht die Not der Menschen	Mt 25,31–40 (Vom Weltgericht)
Advent/ Weihnachten	Vier adventliche Morgenkreise	1. Symbol Kerze Jes 9,1–6 (Verheißung der Geburt des göttliches Kindes) 2. Symbol Schleife Lk 1,46ff (Magnifikat) 3. Symbol Stern Mt 2,1–12 (Sterndeuter) 4. Symbol Engel Lk 2,8–12 (Geburt Jesu)
	Auch ich kann ein Engel Gottes sein	Lk 2,8–12 (Geburt Jesu)
	Das Wunder der Strohsterne	Lk 2,1–14 (Geburt Jesu)
Jahresbeginn	Gott ist Schirm und Schutz	Mk 10,13–16 (Die Segnung der Kinder)

Darstellung des Herrn	Der alte Simeon freut sich	Lk 2,21–40 (Das Zeugnis des Simeon und der Hanna über Jesus)
Hl. Blasius	Gottes Segen wird spürbar	Mk 6,53–56 (Heilung der Kranken)
Fasching	Gott liebt uns mit unseren Wünschen und Träumen	Gen 28,12–15 (Jakobs Traum)
Fastenzeit	Aschermittwoch – Die Fastenzeit beginnt	Koh 3,1–8 (Zeit)
	Gottesdienst zu Beginn der Fastenzeit	Mt 17,1–9 (Verklärung Jesu)
	Projekt „Fastenstufen“	1. Symbol Wüste Mt 4,1–11 (Die Versuchung Jesu) 2. Symbol Wasser Mk 1,9–11 (Die Taufe Jesu) 3. Symbol Samen Mt 13,1–8 (Das Gleichnis vom Sämann) 4. Symbol Blume Gen 1,1–13 (Die Erschaffung der Welt) 5. Symbol Brot Lk 9,11–17 (Die Speisung der Fünftausend) 6. Symbol Palmzweig und Krone Mt 21,1–11 (Der Einzug in Jerusalem) 7. Symbol Kerze Lk 24,1–9 (Die Botschaft des Engels am leeren Grab)
Ostern	Jesus macht unser Leben hell (Symbol Osterkerze)	Lk 24,1–9 (Die Botschaft des Engels am leeren Grab)
	Gott schenkt neues Leben (Symbol Schmetterling)	Mk 16,1–8 (Die Botschaft des Engels am leeren Grab)
	Das Wunder des Lebens (Symbol Osterei)	Mt 28,1ff (Die Botschaft des Engels am leeren Grab)

Pfingsten	Der Geist der Stille und der Zärtlichkeit	Joh 20,19–23 (Die Beauftragung der Jünger)
Ende des Kindergarten-jahres	Vom Schatz in unserem Kindergartenjahr	Mt 13,44ff (Das Gleichnis vom Schatz)
	Wir danken mit Sonnenblumen	Mt 6,26–30 (Von der falschen und der rechten Sorge)
Ende der Kindergartenzeit (Schulanfänger)	Gott begleitet uns	Joh 17,1–8 (Jesu Rechenschaft vor dem Vater)

LIEDER

EHRE SEI GOTT IN DER HÖHE (SPIELLIED)

T/M: A. Dinzinger / W. Pangerl (2000)

Spielvorschlag

- Hirten kommen und setzen sich auf das grüne Tuch: 1. Strophe und Refrain.
- Ein Engel tritt vor die Hirten: 2. Strophe und Refrain.
- Mehrere Engel kommen hinzu und gehen um die Hirten herum: 3. Strophe und Refrain.
- Alle kehren zu ihren Plätzen zurück: 4. Strophe und Refrain.

GOTT GEHT MIT

T/M: René Vollmar, Rolligang München

Tanzanleitung

Vier Schritte nach rechts im Kreis, vier Schritte zur Mitte, in die Hände klatschen, vier Schritte wieder nach außen, vier Schritte nach links im Kreis und dabei die Hand auf die Schulter des Vordermannes legen

DER SCHATZ IN MEINEM LEBEN

M: trad. / T: A. Dinzinger

FEDERLIED

T/M: A. Dinzinger / M. Förster (2016)

Anleitung

Für das Federspiel legst du dich bequem auf eine Decke und schließt die Augen. Manchmal ist eine Schlafmaske eine gute Hilfe für das Augenschließen. Du kannst auch leise meditative Musik hören. Dann wirst du mit der Feder an den Ohren, den Augen, dem Mund, dem Kopf, der Nase oder an den Händen berührt. Du kannst bestimmt erraten, wo du berührt wurdest.

Du darfst auch gerne tauschen und Mama oder Papa mit der Feder berühren.

HIER SIND MEINE HÄNDE

Strophen: patschen, streicheln, winken, geben …
(mit entsprechender Gebärde)

M: trad. / T: A. Dinzinger

HIMMEL UND ERDE MÜSSEN VERGEHN

M: trad. / T: A. Dinzinger

GUTER GOTT, WIR DANKEN DIR

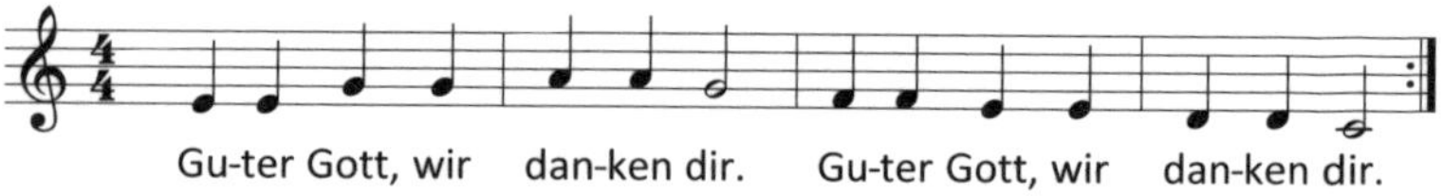

T/M: A. Dinzinger / W. Pangerl (2004)

LUSTIG IST DIE FASCHINGSZEIT

T/M: A. Dinzinger / M. Förster (2016)

HERR, BEGLEITE UNS

T/M: A. Dinzinger / W. Pangerl (2006)

SPIELLIED VOM GUTEN HIRTEN

T und Bearb.: W. Pangerl (1996)

Spielvorschlag

1. Strophe Hand in Hand im Kreis gehen, alle klatschen beim Refrain;

2. Strophe Alle stehen, einer geht im Kreis, alle klatschen beim Refrain;

3. Strophe Alle gehen im Kreis, schauen und horchen (gestische Darstellung), klatschen beim Refrain;

4. Strophe Alle bücken sich, heben ein (gedachtes) Schaf auf die Schultern, klatschen beim Refrain;

5. Strophe Alle drehen sich vor Freude um die eigene Achse.

SEHT, WAS WIR GEERNTET HABEN

T/M: A. Dinzinger / W. Pangerl (2004)

WEIZENKORN, KLEINES WEIZENKORN

T/M: W. Pangerl (2002)

Anton Dinzinger / Werner Pangerl

DIE SCHÖNSTEN BIBELGESCHICHTEN FÜR KINDER

Texte und Materialien für die religionspädagogische Arbeit in Schule, Kindergarten und Gemeinde

184 S., kartoniert
ISBN 978-3-7917-2284-9

Nahezu 50 Geschichten aus dem Alten und Neuen Testament werden von den Autoren für die religionspädagogische Arbeit in Schule, Kindergarten und Familie erschlossen. Dazu gehören eine einfache, kindgerechte „Übersetzung" des Bibeltextes sowie wissenswerte Informationen, die die Bedeutung der Texte, ihren biblischen Hintergrund und ihren Bezug zum heutigen Leben erklären.

Zu jeder Geschichte gibt es ein entsprechendes Lied und ein passendes Gebet sowie Spiel- und Bastelideen für den handelnden Umgang mit der Bibel.

Die Lieder zu den Jesus-Geschichten sind auf einer eigenen CD erhältlich.

Gesamtspielzeit 65:19 min. | ISBN 978-3-7917-2346-4

VERLAG FRIEDRICH PUSTET

Verlag Friedrich Pustet
Unser komplettes Programm unter:
www.verlag-pustet.de

Tel. 0941 / 92022-0
Fax 0941 / 92022-330
bestellung@pustet.de

KONKRETE LITURGIE

herausgegeben von Guido Fuchs

Schön, dass du da bist